¿Seremos como dioses?

Incidencias y reflexiones sobre la convivencia
con las inteligencias artificiales

Serie: Ciencias Sociales

MARIEL CALDAS
TERESA DRIOLLET

¿SEREMOS COMO DIOSES?

Incidencias y reflexiones sobre la convivencia con las inteligencias artificiales

EUNSA

EDICIONES UNIVERSIDAD DE NAVARRA, S.A.
PAMPLONA

© 2025. Mariel Caldas y Teresa Driollet
Ediciones Universidad de Navarra, S.A. (EUNSA)
Campus Universitario • Universidad de Navarra • 31009 Pamplona • España
+34 948 25 68 50 • www.eunsa.es • eunsa@eunsa.es

© AGAPE LIBROS. 2024
Avd. San Martín, 6863
(1419) Ciudad Autónoma de Buenos Aires - Argentina
www.agape-libros.com.ar

ISBN: 978-84-313-4068-1
DL NA 1871-2025

Portada
Freepik

Printed in Spain – Impreso en España
Imprime Podiprint

Índice

Prólogo

Dr. Lucio Florio[1]

Las Inteligencias Artificiales (IA) son ya un hecho cuya magnitud y efectos estamos comenzando a percibir. En los últimos años han comenzado a ser tema de reflexión no solo de filósofos, humanistas o pedagogos, sino también de los mismos tecnólogos. El fenómeno crece vertiginosamente, cambiando abruptamente los hábitos conductuales y mentales de todos los habitantes del planeta, accedan o no en forma directa a la tecnología. Transportes, medios de comunicación, sistemas bancarios, registros de identidad, y gran parte de la actividad humana, están entrando en procesos que incluyen, de un modo u otro a las IA, y la pandemia del COVID-19 parece haber acelerado una dinámica que ya estaba en crecimiento.

Ahora bien, la cuestión de las IA suele ser abordada en forma unilateral, poniendo el acento en algún aspecto en particular: el

---

1. Doctor en Teología. Investigador y docente en la Facultad de Filosofía y Letras, y docente en la Facultad de Teología de la Pontificia Universidad Católica Argentina. Coordinador del "Seminario Permanente de Teología, Filosofía, Ciencias y Tecnología" (UCA). Presidente de Fundación "Diálogo entre Ciencia y Religión".

dominio sobre lo humano, el futuro del trabajo, entre otros. Generalmente se resaltan matices particulares del crecimiento cibernético proyectado sobre el futuro, ya sea de una manera apocalíptica, ya sea en un enfoque extremadamente optimista. Se trata, normalmente de proyecciones de difícil verificación, que incluso son transportadas hacia terrenos artísticos en la literatura o en el cine. Muchos de los puntos de vista que se prolongan hacia el futuro, se apoyan sobre efectos concretos de mejoramiento de actividades humanas por parte de las IA y que, tomadas aisladamente, nadie podría rechazar. En efecto, ¿qué se puede argumentar respecto del valor de una computadora personal, de Internet como ámbito de contacto y de información, de la tecnología digital aplicada a los vehículos humanos?

Estos aspectos concretos valiosos son proyectados hacia el futuro, maximizando sus efectos positivos –un mundo feliz por la asistencia de máquinas solucionadoras de los trabajos humanos, prolongadora de la vida biológica, entre otras características– o, por el contrario, sus probables efectos negativos –un mundo humano a merced de robots o, aún peor, aniquilados y sustituidos por ellos–. La disyuntiva es, en términos que Umberto Eco hizo populares, entre "integrados" y "apocalípticos". En todo caso, la prospectiva, tratando de imaginar el futuro, es no solo importante sino más bien necesaria. Sin embargo, quizás sea preciso optar por un camino menos determinado, más atento al fenómeno en sí mismo, y recurriendo a la historia del pensamiento humano que ha ya abordado revoluciones culturales importantes.

Esta es la perspectiva adoptada por Mariel Caldas y Teresa Driollet en este libro. Su visión de fondo es teológica y filosófica, de acuerdo a sus especialidades primarias. Sin embargo, su perspectiva no es puramente especulativa, ya que abordan con conocimiento el fenómeno de las IA, en sus múltiples y dinámicas modificaciones. Interesa en esta obra revisar la historia y productos de las IA, respetando sus características, pero tratando de relacionarlas con los grandes temas científicos, filosóficos y teológicos que decantan un paso por la historia del pensamiento humano. En efecto, las autoras repasan de manera focalizada –de acuerdo al tema que se aborda– algunas sistematizaciones biológicas, físicas o químicas que permiten entender los fenómenos cibernéticos, inspirados y continuadores de ellos. También recogen la gran tradición filosófica sobre conceptos clave que posibilitan abordar con mayor trayectoria temas tan esenciales a la filosofía de las IA, como lo es el concepto de *persona*. Precisamente, la cuestión de qué es un robot, por ejemplo, o de si los artefactos de IA podrán sustituir a los humanos, suele ser tratado con poco espesor filosófico por la literatura específica. El término *persona* ha sido objeto de una compleja historia en la filosofía y en la teología, y las autoras la recogen de una manera didáctica. El libro no elude un capítulo reciente del debate sobre la persona: el de los animales o, como suele definírselos, las personas no humanas. Este abordaje variado permite incorporar un sedimento semántico que, a su vez, posibilita reforzar la pregunta siguiente: ¿pueden las IA llegar a tener características personales o, incluso, a sustituir el mundo personal humano?

La metodología empleada por Driollet y Caldas orienta hacia la preocupación de fondo de su obra que no es otra que la siguiente: "Como pensadores humanistas nos encontramos pues, ante el desafío y la necesidad de estar a la altura técnica de nuestro tiempo, intentando recuperar el misterio y la magia de lo sólido, de los acontecimientos vivos o las consideraciones abarcadoras de la realidad misteriosa que nos envuelve" (Capítulo 2). La expresión *humanismo* parece resonar no como contrapunto a la naturaleza o a lo teológico tal como se produjo en un período de la historia europea, sino a lo tecnológico o, para ser más precisos, a la tecnología cargada de información cada vez más autónoma y que parece asediar lo más específicamente humano, aquello que la tradición filosófica y teológica de occidente denominó *persona*. Se trata, pues, de reflexionar sobre el humanismo que corresponde a nuestra época –citando en esto a Simondon–. Pero ¿habrá un humanismo que pueda animar interiormente este proceso que, incluso según algunos de sus mentores más entusiastas, amenaza con transformar totalmente las cosmovisiones humanas, su sensibilidad estética, su tejido valorativo, en definitiva, todo aquello que ha compuesto –aún en sus mutaciones– el ámbito de lo humano, allí donde los hombres y mujeres hemos sentido como nuestro lugar propio, el espacio familiar en el universo? ¿O, por el contrario, cuando preguntan –siguiendo a Sadin– si tendrá que sucumbir a la *Weltanschauung* (cosmovisión) siliconiana, desterrando no al ser humano –que podrá sobrevivir como alimentador y siervo de los robots–, sino, lo que resulta más inquietante, erradicando la figura humana del territorio figurativo planetario?

Nuestras autoras no desestiman esta posibilidad de disolución de lo humano mediante la sustitución de las actividades consideradas esenciales al ser humano por el frío y, en gran medida superior, trabajo de las inteligencias cibernéticas. Manifiestan no desdeñar los peligros escondidos en las IA. Sin embargo, se inclinan por una visión esperanzadora. Se trata de una óptica desde la esperanza que se fundamenta en lo siguiente: un desarrollo tecnológico unido estrechamente al humanismo. En otras palabras, remiten el cuidado sobre el control del proceso a una compañía humanista reflexiva que trascienda lo puramente técnico y científico del mismo. No se debe dejar solo a los tecnólogos y al mercado el futuro de las IA.

El libro señala, en este sentido, que el gran desafío contemporáneo es recordar y reconocer que los humanos constituimos el gran misterio de la creación y que hemos diseñado los sistemas de datos, los cuales agilizan tareas matemáticas, organizativas, probabilísticas, relativamente mecánicas. Pero, añaden, éstos no pueden reemplazar las capacidades vivas, múltiples, creativas, de consideración compleja, vinculante y totalizantes que desarrollamos continuamente los humanos. Sólo el fortalecimiento personal por medio de una educación integral nos va a permitir vincular los maravillosos sistemas inteligentes a una vida con sentido.

Estas reflexiones últimas ponen el acento en el rol de la educación en la tarea de lograr un humanismo para la revolución de las IA. El desafío es enorme, e implica una profundización en el carácter personal de lo humano. El enfrentamiento con la alteridad cibernética añade un nivel de reflexión ulterior al de la alteridad animal, ya que comporta la integración de un producto humano que pasa a un estado de autonomía con respecto a su hacedor, al punto de poder considerárselo precisamente un "otro". En este sentido, es valorable la asignación a la misión educativa en la configuración de un humanismo capaz de cargar sentido al nuevo mundo, y de ayudar a las personas humanas reales a mantener un nivel control racional y voluntario del proceso, así como recuperar en lo más hondo, su propia dignidad y originalidad.

La obra de Caldas y Driollet resulta muy sugerente en líneas de pensamiento, para profundizar en las IA buscando su fundamentación humanística. Quizás el tono que el libro presenta pueda ser reconocido como parte del programa humanístico de la cibernética: no llevar las reflexiones solo desde una metodología en particular, sino mantener el espectro de disciplinas que puedan afrontar el tema, en una interdisciplinariedad y transdisciplinariedad imprescindibles para no caer en la tentación de proyecciones meramente racionales acerca del futuro del vínculo entre IA y lo humano. Eso implica la combinación de disciplinas tecnológicas y científicas, pero también las literarias, filosóficas, teológicas y estéticas, que permitan descubrir un sentido en este prodigioso intercambio entre la inteligencia de la noósfera (cf. Vernadsky, Teilhard de Chardin), en sus dos estadios: la vital, en las personas concretas y la transferida, en los productos de IA. Paradójicamente, las IA nos obligarán a replantear desde su raíz lo que nos constituye en persona.

Introducción

En las últimas décadas, hemos empezado a convivir con las tecnologías digitales y las inteligencias artificiales (IA) de manera sostenida y en diversos espacios cotidianos. Las IA están hoy presentes entre otros espacios, en las comunicaciones, las relaciones laborales, jurídicas, pedagógicas. Asimismo, desde hace varias décadas, distintas ramas del arte y autores de diversas ciencias han ido anticipando un futuro con ellas, algunas veces pacífico, otras pesimista.

En ocasiones, esta convivencia *ubicua*[1] y extendida, nos hace naturalizar el uso de dichas tecnologías sin reflexión antropológica o ética, y observamos que habitualmente se les otorga una entidad propia, *como si* pudieran recrear las características de los seres vivos, olvidando que son productos humanos tanto en su fabricación como en su programación.

1. La ubicuidad se refiere principalmente a Dios, en su categoría de omnipresente. Se aplica actualmente también al alcance de las tecnologías digitales, ya que pueden estar presentes en un mismo tiempo en diversas partes.

Ante el pesimismo ontológico generalizado sobre los seres humanos y la disminución de creencias religiosas y trascendentes, creernos dioses por crear tecnologías o endiosarlas puede considerarse un riesgo –tal como opinan entre otros, el filósofo Éric Sadin o el historiador Yuval Harari–. Por otra parte, el filósofo Nick Bostrom propone una humanidad mejorada técnicamente como solución al futuro, donde sus seres ya no serían parte de nuestra especie sino de una distinta. Estos nuevos seres tendrían también nuevas capacidades no solo corporales, sino también creativas, científicas y sociales, estarían munidos de superinteligencia y de una esperanza de vida muy extensa. No obstante, entre sus beneficios, Bostrom también considera los riesgos que acompañarían a estas futuras transformaciones.

Desde otra óptica, el filósofo Byung-Chul Han, nos ayuda asimismo a pensar nuevos aspectos existenciales frente a los desarrollos antropotécnicos. Él afirma que, para defender a nuestra humanidad íntegra, no debemos perder las experiencias, las relaciones presenciales con las personas, los rostros, las miradas. Nos invita, en este tiempo tan digitalizado, a no olvidar el contacto con la tierra, el sol, el viento, la grandiosa naturaleza en toda su riqueza, o la capacidad de sentir, pensar y decidir autónoma y libremente.

Atentos a que nuestros tiempos y espacios también se ven modificados por la rapidez y omnipresencia que nos permiten desarrollar las máquinas, tenemos que aprender a ganar permanencia y serenidad. De esta manera será posible ir gestando un humanismo integral, mientras estamos inmersos en la actual y cuarta Revolución Industrial.

Entonces, ¿las opciones serán tecnologizarnos o humanizarnos? Creemos que no es una u otra, sino que es necesario buscar una nueva opción integradora en diálogo con las IA, las técnicas, las tecnologías y las humanidades actuales, basándonos en que nuestro texto nació inspirado en la afirmación de Gilbert Simondon que nos invitó a descubrir el nuevo humanismo que le corresponde a esta época. Nos acompañan novedades tecnológicas quizás nunca soñadas, que nos permiten entre otras cosas: pertenecer al mundo globalizadamente, encomendar trabajos mecánicos y repetitivos a máquinas eficientes, comunicarnos y trabajar colaborativamente a distancia en muchas profesiones, delegar tareas, crear una inteligencia colectiva que reúna a múltiples culturas.

Ante el riesgo de encandilarnos con estas maravillas, surgen algunos pensadores críticos que nos pueden generar pesimismo, temor y/o rechazo, ya que nos muestran los lados oscuros, las "letras chicas" y las consecuencias existenciales negativas de su empleo. Intentan despertarnos para ver los límites de nuestras creaciones. Otros en cambio, apuestan a un futuro salvador tecnologizado, como garantía de la supervivencia humana. Por lo tanto, es imprescindible abordar la influencia de las IA, dada su actualidad e incidencia vital.

A lo largo del texto haremos un recorrido histórico, de autores, disciplinas y temas fundamentales, intentando encontrar la nueva complementación entre los seres humanos y sus creaciones tecnológicas. Junto con estas vertientes, no debemos olvidar que las tecnologías son producto nuestro, es decir, que no vienen desde afuera de la humanidad para invadirnos, sino que emergen desde nuestras propias capacidades, como afirma Pierre Lévy. Entre las diversas opciones y posturas, intentaremos rescatar el optimismo ontológico humano, empoderarlo ante sus propias creaciones y programaciones, trabajar para que haya un mundo habitable para todos los seres vivos y tener presente la compleja riqueza de nuestras inteligencias humanas, según nos recuerda Xavier Zubiri.

Desde hace años, las autoras participamos en el SPTFCyT[2] y hemos experimentado la riqueza y complejidad del diálogo interdisciplinar. Nuestro trabajo se basará entonces en dicha interdisciplinariedad (filosofía, teología, sociología, informática, pedagogía, arte, entre otras) aplicada al tema en cuestión. En el primer capítulo de este texto, *Conceptos introductorios*, reflexionaremos sobre varios términos fundamentales y sus posibles relaciones con las IA, como productos de la creación humana, pasibles de identificación con algunos de los elementos relacionados con los seres vivos en general, y los humanos en particular. En el segundo capítulo, *¿Cuáles son los grandes desafíos de nuestra época?*, partiremos de la descripción de la Cuarta Revolución Industrial que estamos viviendo para contextualizar nuestro desafío epocal (revolución genética, biotecnológica, en las técnicas de la información y comunicación) y sus vertiginosos cambios sociales, culturales, educativos, políticos, entre otros. Analizaremos allí también los posibles rasgos de autonomía y aprendizaje –si ello es posible– que las IA pueden tener en la actualidad.

A lo largo del capítulo tres, *Me encontré con una IA*, describiremos algunas situaciones cercanas con diversas IA cotidianas, reflexionando sobre la naturalidad con la que convivimos con ellas, incluso percibiéndolas en ocasiones como seres humanos vivos. Pensando sobre las inteligencias en nuestra propuesta, el capítulo cuarto, *¿Las IA son inteligentes?*, propone que consideremos la complejidad de la inteligencia humana, con la cual debemos integrar la de los datos que nos traen tantos beneficios. No creemos en la extendida afirmación de que la de las máquinas va a superar la complejísima y misteriosa inteligencia humana.

---

2. Seminario Permanente de Teología, Filosofía, Ciencia y Tecnología (UCA). Pueden leerse los aportes de este espacio en: https://seminarioteologiafilosofiacienciaytecnologia.wordpress.com/

Por otra parte, dentro de la vida cotidiana y las pedagogías, muchos suelen menospreciar lo lúdico en relación al aprendizaje. Las IA nos pueden ayudar en dichos procesos de enseñanza-aprendizaje mediante la utilización de aplicaciones, juegos, interacciones digitales audiovisuales, simulaciones, entre otras. Aunque, no debemos perder de vista las cuestiones éticas en su uso, ni menospreciar las capacidades humanas o la necesidad de contacto cercano –físico o digital– entre los alumnos y sus docentes. Esto se ha desarrollado en el capítulo quinto, *Vida cotidiana, educación, gamificación e IA*.

En el sexto capítulo, *Interculturalidad, creencias e IA*, desarrollaremos tres conceptos relacionados con lo *ciber*: cibercultura, cibereducación y ciberteología. Observaremos por un lado, cómo la globalización nos permite conocer y acceder a contextos remotos y ser afectados por ellos; y, por otro, cómo en la educación y las creencias también se utilizan y habitan espacios digitales. Al comenzar, nos referimos al *endiosamiento* de las tecnologías o del mismo ser humano, por crearlas. En este capítulo nos referiremos a las religaciones con las propias tecnologías como objetos de devoción. En el capítulo 7, *Nuestro futuro: ¿robotizarnos o humanizarnos?*, en nuestro afán de buscar un modelo humano íntegro frente a los desafíos que nos toca vivir, hemos intentado construir una imagen del ser humano que utiliza tecnologías, y desde allí, abordar una nueva idea transhumanista de la humanidad que lo considera desde su aspecto natural, como un "pobre hombre" que debe ser mejorado por la tecnología. Por eso, nos interpela Yuval Harari cuando advierte sobre una humanidad que puede llegar a un *dataísmo*, debido al uso excesivo de las máquinas y la teoría de la información.

Al culminar varios meses de intercambio e investigación, emergieron exponencialmente cada vez más noticias sobre las IA alrededor del mundo. Una de las grandes novedades, seguidas de cartas de advertencias y temores, ha sido la expansión del Chat-GPT desde noviembre de 2022. Por lo tanto, hemos decidido agregar un capítulo sobre esa herramienta y sus incidencias en la educación: *¿Son necesarias las IA en la educación?*

En el último capítulo, *Teolog-IA*, retomamos algunas cuestiones teológicas desarrolladas en textos previos, y agregamos otras en relación a nuestro título y al eje de nuestra investigación.

Los invitamos a realizar este interesante recorrido a lo largo de estas páginas, para así buscar juntos una nueva opción integral que asuma el diálogo entre los seres humanos con las inteligencias artificiales actuales.

Capítulo 1

Conceptos introductorios

Desde hace varias décadas, se han producido películas, series, cortometrajes, libros, ensayos y otras expresiones artísticas, que comenzaron a naturalizar la convivencia entre seres humanos, robots, *cyborgs* y diversas inteligencias artificiales. Convivencias en ocasiones pacíficas y en otras no, que perfilan un futuro que ya ha llegado; aunque no sabemos si será tal y como las ficciones lo vaticinan.

Entre los múltiples ejemplos que encontramos, podemos mencionar la película *Metrópolis,* de 1927, en la que "una" robot ayudaba a los obreros que vivían en un gueto subterráneo a rebelarse contra la clase intelectual que ostentaba el poder; "ella" interactuó en ese conflicto como un verdadero ser humano. Más tarde, en los años sesenta, la serie de dibujos animados *Los Supersónicos* nos mostraba varias situaciones de esta convivencia, e incluso innovaciones que aún no estaban disponibles, y que hoy son realidad[1],

---

1. La introducción de la serie *Los supersónicos* ya nos mostraba algunas de estas innovaciones. En línea: https://www. youtube.com/watch?v=cNvbQKJz0eg- Un Youtuber registró algunos de esos adelantos en relación al 2020. En línea: https://www.youtube.com/watch?v=Bh7TyksDC40 (Consulta 19.02.22).

del mismo modo que sucede en ocasiones en alguna literatura fantástica, como por ejemplo con los escritos de Julio Verne[2].

Esto nos lleva a pensar sobre lo que hoy también nos traen los relatos de ficción sobre las IA: ¿serán realidad en breve? ¿Qué tendremos que tener en cuenta? ¿Cuál es la distancia entre "posible técnicamente" y "éticamente correcto"? ¿Será que el pesimismo antropológico sobre los seres humanos nos hace soñar con una técnica y sus producciones que hagan perfecta nuestra realidad? ¿Dónde queda lo característico de los seres humanos en este devenir?

Éric Sadin, en su libro *La inteligencia artificial o el desafío del siglo. Anatomía de un antihumanismo radical*, describe este acontecimiento antropomórfico de la siguiente manera: "Lo humano está animado por una pasión perturbadora: engendrar dobles artificiales de sí mismo"[3]. Réplicas humanas en los hijos, réplicas no humanas en libros, obras, memorias digitales, robots, IA.

Este autor se pregunta de dónde surge esta sed de realizar una réplica de nosotros mismos: "¿Es resultado de la exaltación por lanzarnos dentro de una aventura límite, del hecho de desafiar lo imposible, de sentir un poder demiúrgico?". Y responde negativamente si es la única opción a considerar. Los seres humanos no buscan solo calcar sus características en réplicas, sino remitirse a algo más poderoso que ellos, ya que "dentro de la ambición de lograr la reproducción antropomórfica está siempre la fantasía de hacer surgir una entidad dotada de poderes superiores"[4].

En las creencias y en el imaginario religioso de las diversas épocas, una entidad superior, o varias, creaba/n en algún momen-

2. Por ejemplo, *De la tierra a la luna, Veinte mil leguas de viaje submarino, Ante la bandera*, entre otros.
3. Sadin, E. (2020). *La inteligencia artificial o el desafío del siglo. Anatomía de un antihumanismo radical*. Buenos Aires: Caja Negra. p. 61.
4. *Ibíd.*, pp. 61-62.

to de la historia a los seres humanos. Estas transferían semejanzas a sus creaturas, o por el contrario las creaturas se proyectaban divinizadas en esa entidad superior. Y dependiendo de las épocas, culturas y creencias, los seres humanos se consideraban en la cima de la creación, o como parte de ella sin mayores jerarquías o escalafones.

Para las creencias judeo-cristianas, el ser humano fue creado a imagen y semejanza de Dios, pero con limitaciones, finitud, corruptibilidad física, y asimismo han sostenido hasta no hace mucho tiempo, que éste estaba por encima de las demás creaturas. Éric Sadin afirma al respecto que puede detectarse una doble percepción de los seres humanos situados en la cumbre jerárquica de las sustancias del planeta, desde un marcado antropocentrismo, pero por otra parte, un rechazo y odio a nuestra condición porque es limitada, sujeta a los diversos avatares de la vida, vulnerable e *in fine* corruptible. Y culmina su reflexión diciendo que "el deseo de engendrar una criatura similar buscaría desanudar esta tensión inextricable, consciente e inconscientemente, y conjurar lo trágico de nuestra existencia"[5].

Estas creaciones antropomórficas buscan entonces generar existencias "parecidas pero con facultades multiplicadas", que puedan emprender tareas con eficacia e infalibilidad, a fin de que en algún momento podamos ocuparnos de nuestros asuntos, y de instaurar un "ordenamiento más fiable o perfecto de las cosas"[6].

Aquí nos detenemos ante un nuevo planteo técnico y ético: ¿buscamos entonces la multiplicación ontológica exponencial para la creación de IA? ¿Queremos crear seres a nuestra imagen y semejanza, pero esta vez perfectos?

5. *Ibid.*
6. *Ibid.*

Algunas definiciones

Para ir pensando las similitudes y diferencias entre los seres humanos y sus creaciones tecnológicas, vamos a emprender una metodología que va a transitar de lo más básico a lo más complejo, ayudando a discernir si las IA podrán ser consideradas en algún momento como seres vivos y/o personas, o siempre serán meras tecnologías.

Seres vivos

Podemos definir a los seres vivos, como organismos complejos que realizan actividades desde que nacen: crecen, se alimentan, pueden reproducirse y relacionarse, y finalmente mueren. Desde lo biológico, poseen una organización, presentan estructuras ordenadas que se coordinan entre sí, crecen y se desarrollan. Se pueden reproducir, ya sea sexual o asexualmente, evolucionan y se adaptan, regulan funciones vitales, tienen metabolismo y poseen movimiento. Contienen una misma composición química: proteínas, carbohidratos, lípidos, agua, ácidos nucleicos, y están formados por células que realizan sus funciones vitales[7].

---

7. Entre estas funciones encontramos la nutrición autótrofa o heterótrofa, según se alimenten de moléculas inorgánicas o de otros organismos, la relación con lo que sucede a su alrededor y la reacción a estímulos. Asimismo, podemos clasificarlos de la siguiente manera: pueden ser unicelulares o pluricelulares (celular), invertebrados o vertebrados (morfología), desde los reinos y especies (taxonómica), nomenclatura y taxonomía (nombre y jerarquía). Y desde una escala de especies más amplia hacia las más específicas podemos agruparlos en: reinos (naturaleza en común), *filum* (códigos zoológicos, botánicos, micológicos), clase (semejanzas dentro del *filum*), orden (características comunes de los individuos), familia (características comunes de los seres vivos dentro de un orden), género (especies relacionadas entre ellas por la evolución), especie

Todos los organismos del planeta que integran los cinco reinos viven en diferentes ambientes o ecosistemas que pueden ser terrestres, acuáticos o mixtos[8]. Dentro de dichos ecosistemas, encontramos relaciones ecológicas o no ecológicas de convivencia. En relación a esto último, podemos definir a la ecología como la "ciencia que estudia a los seres vivos como habitantes de un medio, y las relaciones que mantienen entre sí y con el propio medio"[9]. Desde allí, al analizar los espacios humanos podremos hablar también de una ecología humana, donde se estudiará a estos habitantes de un medio –físico o digital–, y las relaciones que poseen entre ellos. Por lo tanto, los ecosistemas que incluyen a los humanos: aulas, instituciones, familias, barrios, entre otros, constituyen espacios donde la interacción de todas las partes hace al equilibrio o desequilibrio del todo.

El historiador Murray Bookchin escribió, antes de que fuera publicado el libro *Silent Spring* de Rachel Carson –puntal de las denuncias contra las actividades antiecológicas–, uno denominado *Our synthetic environment*, donde consideró que el capitalismo es un sistema económico que por su lógica, puede producir crisis ecológicas que ponen en peligro la integridad de la vida en general en este planeta. De sus escritos derivó luego el concepto de ecología social, desde el cual el teólogo Román Guridi nos invita a comprender el modo en que concebimos, organizamos y ponemos en práctica nuestras interacciones sociales, que corresponde al

(individuos con las mismas características que se relacionan entre sí y pueden tener descendencia biológica) (cf. https://ecosistemas.ovacen.com/seres-vivos/).

8. En la organización más general de los seres vivos, encontramos los reinos que podemos ordenar en cinco: animal, vegetal, protistas o protoctistas (protozoos y algas), hongos (setas, mohos y levaduras) y móneras (bacterias).

9. *Diccionario de la Real Academia Española*. (s.f.)., Obtenido de http://dle.rae.es/?id=EKzKpe8

"análisis ecológico de la existencia humana"[10]. Por eso, la interacción entre los seres humanos afecta directamente su relación con el resto de la naturaleza, y esto deriva en que las actividades de explotación hacia el ambiente y sus habitantes, se consideren como una extensión del ejercicio de dominio entre los seres humanos.

Desde la teoría de la ecología interhumana o social, las personas conviven con otros, tanto desde la cercanía física como en los ambientes digitales. Por lo tanto, hay que tomar todas las dimensiones de la relacionalidad humana: con la naturaleza, los demás seres humanos, y con nosotros mismos, en todos los espacios. De manera que una ecología humana integral supone la ecología económica, cultural, ambiental, social y personal, y desde allí se comprenden los conceptos de ecología humana y de ecosistemas humanos, utilizados en diversos ámbitos, donde se consideran también los elementos afectivos y simbólicos. Estos ecosistemas humanos nos proporcionan entonces los elementos que necesitamos para nuestro sustento emotivo y cultural. Son construcciones colectivas que articulan singularidades para lograr lo que cada persona requiere para su crecimiento[11]. Aquí no encontramos variedad de especies como en otros seres vivos, sino de culturas, personalidades, maneras de concebir el mundo y la realidad.

Las IA inciden ecológicamente, no solo en cuestiones de fabricación, descarte, uso de energía, emisión de CO_2, entre otras, sino también en cuestiones interhumanas e interpersonales.

---

10. Guridi, R. (2018). *Ecoteología: hacia un nuevo estilo de vida*, Santiago de Chile, Universidad Alberto Hurtado, p. 50.
11. Cf. Restrepo, L. (1998). *Ecología humana: una estrategia de intervención cultural*, Bogotá, San Pablo, pp. 56-57.

Personas

En muchas ocasiones, se toman como sinónimos la palabra *persona* y la construcción *persona humana,* pero no siempre lo son. Etimológicamente, la palabra persona proviene del griego *prosopon* (προσωπον) que significa máscara teatral. Entre sus definiciones también encontramos la vinculación con los individuos pertenecientes a la especie humana.

El Código Civil Argentino define que una persona es "todo ente susceptible de adquirir derechos y contraer obligaciones"[12], diferenciando entre personas físicas y jurídicas. Este Código, desde el Derecho Civil, designa a las personas humanas de existencia real como personas físicas, y a las personas jurídicas les asigna una existencia ideal. Entre estas últimas, encontramos a los agrupamientos humanos tales como asociaciones, fundaciones, clubes, empresas, entre otros. Asimismo, desde la filosofía, se expresa la singularidad de cada individuo en la especie humana, en contraposición al concepto de naturaleza humana que significa lo común que hay entre ellos. Para Romano Guardini, por ejemplo, "persona es el ser conformado, interiorizado, espiritual y creador, siempre que esté en sí mismo y disponga de sí mismo"[13]. Por lo tanto, ser persona es el modo de existir del ser humano, la manera en que el ser humano es y se comporta[14], independientemente del actuar moral, de las acciones que pueda o no realizar, de su estado físico o psíquico, de su estado de conciencia[15].

Así, entre las diversas maneras de definir a una persona, podemos reconocerla como: sustancia, ser pensante, ser ético, ser jurí-

---

12. *Código Civil Argentino*, art. 30-32. En línea: http://servicios.infoleg. gob.ar/infolegInternet/anexos/105000-109999/109481 (Consulta 19.02.22).

13. Guardini, *Mundo y persona*, Madrid, Encuentro, 2000, p. 104.

14. Guardini, *Ética*, Madrid, BAC 2000, p. 158.

15. *Ibid.*, p. 169.

dico, creatura –desde una creencia religiosa determinada–. Desde una clasificación más reciente, podemos diferenciar entre personas humanas y no humanas.

Personas humanas

Si bien la definición más conocida de persona humana es la de Boecio que afirmaba en el siglo XV que persona es una "sustancia individual de naturaleza racional", luego, las antropologías filosófica y religiosa incidieron en su desarrollo desde diversas perspectivas. Leibniz, por ejemplo definió que una persona implica:

> "un ser pensante e inteligente capaz de razonar y reflexionar, que se puede considerar a sí mismo como él mismo, como una misma cosa, que piensa en distintos momentos y lugares, y todo eso lo hace únicamente porque siente sus propias acciones"[16].

Desde otro ángulo, Mounier describe algunas acciones que hacen al ser humano, tales como asumir roles o conductas, un proceso que implica "hacerse persona" o personalizarse, así como reflexionar sobre sí mismo generando intimidad, estando disponible para otros, ejerciendo su libertad[17].

Xavier Zubiri, por su parte, afirma que "cada persona encierra una *suidad*, lo que implica propiedad y responsabilidad sobre su propio ser". Ese carácter de un *mí, mío*, es una propiedad que la diferencia de otros seres vivos, pero es más que un carácter moral. No se trata de ser dueños de mis actos "en el sentido de tener dere-

16. Leibniz, G., *Nuevos ensayos sobre el entendimiento humano*. Madrid, Alianza, 2021, p. 273.
17. Cf. Mounier, E. (1993), *Obras completas 1988-1993.*, Salamanca, Sígueme, 1993.

cho, libertad y plenitud moral" para hacer lo que quiera dentro de mis posibilidades, sino de una propiedad constitutiva. "Yo soy mi propia realidad, sea o no dueño de ella. Y precisamente por serlo, y en la medida en que lo soy, tengo capacidad de decidir"[18]. A su vez, este autor distingue en la persona dos más: personeidad y personalidad. La personeidad es el fundamento de la historia personal en particular y humana en general, es la fuente de posibilidades y transformaciones que una persona puede tener y que está relacionada con "un fondo potencial de personalidad". Podría compararse, según el autor con un cohete único que posee diversas trayectorias. Dicho artefacto ha sido puesto en el mundo por los padres de cada persona, en un determinado tiempo y espacio. Luego, "la personeidad es la energía creadora que se despliega en personalidad"[19]. Esta última, se comprende, así como las notas, cualidades y/o particularidades que distinguen a una persona de todas las demás.

Por otra parte, desde el ámbito jurídico, podemos encontrar otros acercamientos que es posible desdoblar en cuatro etapas. En la primera, el concepto de persona fue sinónimo de ser humano, que visto desde el derecho romano, determinaba la posición de cada individuo en la sociedad: libre, esclavo, ciudadano, extranjero. En la segunda, se percibían dos acepciones: persona humana como individuo o como colectivo, considerando en este último las relaciones sociales y el individuo-estado. Surgió en ese momento la expresión "la persona no es hombre en sí, sino en su estado". Después de la Revolución Francesa, la noción jurídica se edificó sobre el concepto kantiano donde el ser humano es por un lado un fin en sí mismo, y por otro puede proponerse fines: puede hacerse

---

18. Zubiri, *Sobre el hombre*, Madrid, Alianza, 1986, p. 111.

19. Murillo, I. (s.f.), *Personalidad y personeidad*, Obtenido de https://www.mercaba.org/DicPC/P/personalidad_y_personeidad.htm (Consulta 14.1.24).

preguntas morales, discernir sobre la justicia, obrar responsablemente. Comenzó a comprenderse a la persona desde su capacidad de adquirir derechos y contraer obligaciones.

Más adelante, hizo su aparición el derecho subjetivo que desarrolló la temática de la personalidad y la necesidad de la existencia de un protagonista. En este tiempo, se denominaba persona también a aquel que poseía derechos y obligaciones y/o al sujeto activo o pasivo presente en toda relación jurídica. La cuarta etapa aconteció luego de las violaciones a los derechos humanos causadas por el régimen nazi, que requirieron establecer normas claras sobre el respeto hacia la dignidad de todo ser humano que, unida a la concepción religiosa de que cada persona es digna por haber sido creada a imagen y semejanza de Dios, no puede ser considerada como un medio o bien de uso. Luego de ese terrible período, surgió la "Declaración Universal de los Derechos Humanos"[20].

Personas no humanas

El concepto de "persona no humana" tiene un desarrollo reciente, surgido desde el ambiente jurídico. Lo desarrollaremos desde esa perspectiva, sabiendo que desde otras ciencias aún no lo incluyen o aceptan.

Ha sido elaborado para defender los derechos de especies animales que no son seres humanos, pero que poseen capacidad cognitiva, inteligencia y sintiencia. Entre estas especies encontramos a orangutanes, chimpancés, gorilas y bonobos[21]. Luego, a este grupo

---

20. Cf. Sierra Piñeros, S. A., & Montañe, S. (2017), *Las personas no humanas como sujetos de derechos*, Cuadernos de Derecho Público (6), Obtenido de https://revistas.usergioarboleda.edu.co/index.php/CDP/article/view/1533/1214.

21. Por ejemplo, Frans de Waal, un reconocido primatólogo, afirmó que el bonobo es capaz de poseer altruismo, compasión, inteligencia, empatía, pa-

se agregó otro denominado "personas no humanas no primates", validando así que todos los animales tienen derechos por su capacidad de sufrir y sentir dolor, lo que derivó en una "Declaración universal de los derechos de los animales" en 1978.

Durante el desarrollo de la humanidad, la relación entre seres humanos y animales ha ido creciendo en vincularidades más allá de usos y tenencias. Muchos animales salvajes se han ido domesticando, y en palabras de algunos autores *personalizando*. Estas vinculaciones han generado una nueva toma de conciencia hacia el Derecho Animal, por ejemplo: la desarticulación de zoológicos y el envío de los especímenes a santuarios animales o espacios más amplios, la regulación de criaderos, la legislación sobre la comida que reciben, la capa de animales con anestesia, el descanso para animales de producción, entre otros.

Argentina se destaca entre los países de América latina donde, a través de un *habeas corpus*, se definió que "los sujetos no humanos (animales) son titulares de derechos, por lo que se impuso su protección en el ámbito competencial correspondiente"[22]. Esta definición promovió por ejemplo que en el 2014, la orangutana Sandra, que estaba en el Zoológico de Buenos Aires, fuera considerada como una persona no humana con derechos a ser trasladada a un santuario para tener una buena calidad de vida. A esta acción, siguieron otras relacionadas con otras especies tales como los elefantes que vivían también en ese lugar.

---

ciencia, sensibilidad, amabilidad, entre otras características. Como en él, existen muchas investigaciones con primates tanto en libertad como en cautiverio, que afirman cuestiones similares. Cf. de Waal, F. (2006). *Primates y filósofos. La evolución de la moral del simio al hombre*, Buenos Aires: Paidos; de Waal, F. (2017). *¿Tenemos suficiente inteligencia para entender la inteligencia de los animales?*, Madrid: Tusquets Editores.

22. Ciudad Autónoma de Buenos Aires, Argentina, Cámara Federal de Casación Penal, 2014.

En Estados Unidos, por otra parte, la organización *The non-human rights* ha abogado por los derechos de varios animales, llevando a debate sobre los *status* jurídicos y derechos de las personas no humanas, que tendrían que ser los mínimos que tienen las personas humanas. Por un lado afirman que "el término persona (legal) no ha sido nunca sinónimo de persona humana y puede incluso designar una entidad más amplia o cualitativamente distinta". Para ellos *persona* es sinónimo de un ser capaz de poseer uno o más derechos legales, y "la habilidad de dichas entidades de cargar con los correspondientes deberes y responsabilidades es irrelevante a la determinación de la personalidad para el propósito de solicitarle al derecho común cumplir con su mandato judicial de *habeas corpus* (*State of New York, Supreme Court Count*, 2015)"[23].

Estas legislaciones a nivel mundial abrieron nuevas miradas y debates académicos, sobre todo en el ambiente de la bioética, la filosofía, el derecho, así como también nuevas reflexiones a nivel teológico sobre el rol de los seres humanos en la biósfera. En Reino Unido, por ejemplo, el *Animal Welfare Act*, definió a las "personas no humanas" como aquellos vertebrados que no sean hombres, sin impedimento a que luego pueda ser ampliado a los invertebrados. En cambio, el *Animal Welfare Act* de los Estados Unidos tiene opiniones distintas en varias definiciones sobre los derechos animales en relación al del Reino Unido.

Como vemos, este es un ámbito dinámico que aún no ha sido unificado a nivel mundial. En la actualidad, el concepto de "Bienestar Animal" incluye cuestiones de comercio e industria, así como también la prohibición de provocar sufrimiento y maltrato injustificado. Esta noción ha sido recientemente desarrollada por la Organización Mundial de Sanidad Animal en

---

23. Sierra Piñeros, S. A., & Montañe, S. (2017), *Las personas no humanas como sujetos de derechos, Ibid.*

el Código Sanitario, designando al "modo en el que un animal afronta las condiciones de su entorno". Se puede afirmar entonces que un animal posee bienestar cuando está sano, cómodo, seguro, bien alimentado, no padece dolor, miedo o desasosiego, se evita que contraiga enfermedades, posee un adecuado acompañamiento veterinario, y se lo manipula y sacrifica de manera compasiva.

Algunos autores regulan este concepto en torno al sufrimiento mínimo, mientras que otros opinan que se debe prohibir todo acto de comercio que involucre animales, extendiéndoles varios derechos aplicables a los seres humanos[24]. Por último, no queremos dejar de destacar que si bien estas legislaciones son actuales, muchas culturas antiguas ya tenían un trato de respeto de derechos no solo con los animales, sino con todo su entorno. Basta revisar las categorías de Sumak Kawsay o Ubuntu, entre otras.

Es posible que en breve surja el debate con respecto a la posibilidad de que las IA puedan ser consideradas sujetos y/u objetos, e incluso personas no humanas, o si tienen algunas de las características asociadas a los seres vivos. Este es un tema extenso que aún puede ampliarse desde diversas ciencias[25]. Por ejemplo, si el derecho va avanzando en otorgar derechos a personas no humanas, ¿será posible que en algún momento estos derechos básicos de la vida, la libertad, el no maltrato físico o psicológico, sean aplicados a alguna IA?[26]. Así como en el 2017, la androide Sophia fue declarada ciudadana de Arabia Saudita, ¿se sumarán otros así? ¿Podrán reclamar asilo, salarios, votar, jubilarse? ¿O será un mero

---

24. *Ibid.*

25. Sugerimos el siguiente diccionario: Ferrater Mora, J., *Diccionario de Filosofía*, Buenos Aires: Sudamericana, 1958.

26. Como sucede en la ficción del libro *El Hombre Bicentenario* de Isaac Asimov.

animismo, como cuando un niño al golpear accidentalmente a su peluche le pregunta si le dolió?

Tecnologías

Cuando hablamos de tecnologías, nos detenemos principalmente en las invenciones de los últimos siglos, sobre todo en las décadas más recientes. Pero, la fabricación y uso de tecnologías se originó hace al menos tres millones de años atrás, cuando los seres humanos comenzaron a utilizar recursos naturales para convertirlos en herramientas simples para cortar, tallar, machacar, coser, matar, entre otras acciones que iban necesitando realizar[27].

Entre las herramientas del paleolítico inferior, por ejemplo, ya encontramos pequeñas piedras talladas para desenterrar, cortar, defenderse, limpiar pieles, afilar cuchillos. En el período del paleolítico superior existieron arpones, agujas, puntas de lanzas, entre otros, realizados con materiales tales como rocas y huesos. Recién milenios más tarde, los filósofos en el siglo IV a.C. comenzaron a debatir sobre el saber, y apareció en estas discusiones el término *techné*.

Dentro de las tecnologías actuales, encontramos las tecnologías de la información, la comunicación, la informática, la robótica, entre otras. Existe una discusión actual sobre si el término "nuevas tecnologías" que se comenzó a utilizar luego de la Segunda Guerra Mundial para englobar a los diversos adelantos tecnológicos que fueron surgiendo desde esa época, sigue siendo correcto hoy. Por un lado, muchos de esos adelantos surgieron a causa de las guerras, por ejemplo en los experimentos y técnicas científicas que ayudasen a crear mejores soldados, o bien para eliminar sis-

---

27. Cf. Ortega y Gasset, J. (2000). *Meditaciones de la técnica y otros ensayos sobre ciencia y filosofía*, Madrid, Alianza.

temáticamente a quienes consideraban que no debían seguir viviendo. Como siempre, no todo lo tecnológicamente posible es éticamente bueno.

Por otro, en la actualidad una *nueva* tecnología lo es por un tiempo efímero, ya que van surgiendo exponencialmente otras *más nuevas* cada día. Por lo tanto, preferiremos llamarlas "tecnologías actuales" e ir indicando en qué año, e incluso qué día o mes y localización surgieron, para afinar la contextualización. Como siempre sucede, la clasificación o el armado de siglas para definir algo, deja afuera algunas realidades. Por ejemplo, al nombrar a las Tecnologías de la Información y la Comunicación como TIC, quedan afuera muchos elementos relacionales, cognitivos, de conocimiento, que están inmersos en ellas[28].

Como podemos observar, las percepciones sobre las tecnologías y las culturas también fueron variando a lo largo de los siglos. Si bien algunos afirman que las tecnologías impactan en las sociedades, preferimos situarnos en la línea reflexiva de Pierre Lévy quien afirma que las tecnologías no impactan desde afuera de las sociedades como lo haría un meteorito, ya que las mismas son obra de la producción y programación humana.

Este autor opina que los sistemas culturales no son ajenos a los tecnológicos, por lo tanto, no hay que considerar a las tecnologías, las culturas y las sociedades como entidades separadas. Ante ello pregunta: "¿Es la tecnología un actor autónomo, separado de la

---

28. Entre las tecnologías comunicacionales emergentes de los últimos siglos, podemos mencionar al telégrafo con su codificación de puntos y rayas, al teléfono que emite señales sonoras a través de la electricidad, al lenguaje binario de ceros y unos en el que incidieron varios científicos tales como Norbert Weiner, Claude Shannon, William Darío Ávila Díaz, George Boole, entre otros.
Cf. Caldas, M. (2016). *De la Conexión a la Comunión. Tecnologías digitales y Praxis Pastoral*, Buenos Aires, Parmenia.

sociedad y de la cultura, una entidad pasiva y percutida por un agente exterior?"[29]. Evidentemente, no lo es.

Más tarde, en 1996, Robert Kling y Roberta Lamb esgrimieron una categorización sobre las posibles posturas ante las tecnologías, encontrando al menos cinco modos[30]: el utopismo tecnológico, el antiutopismo tecnológico, el realismo social, la teoría social y la reducción analítica.

En el utopismo tecnológico se describe una sociedad con una vida ideal, a modo de lo explicitado en *La República* de Platón, o en *Utopía* de Tomás Moro. En él, el uso de las tecnologías tiene la visión de una sociedad benigna. El antiutopismo tecnológico afirma que la tecnología es una forma de degradación. Desde la ficción, los escritores Orwell y Huxley realizan reflexiones antiutópicas: Orwell habla de civilizaciones futuras dominadas por totalitarismos que incluyen tecnologías, y Huxley presenta una sociedad tecnologizada que controla a las masas, y manipula el control de la ciudadanía. El realismo social, por su parte, se caracteriza por el uso de datos empíricos basados en las realidades sociales donde se utilizarán las tecnologías. En la teoría social "se desarrollan o prueban los conceptos y teorías que trascienden las situaciones específicas". Por último, en la reducción analítica, se involucran investigaciones sociales, identificando marcos conceptuales[31].

29. Lévy, P. (2007). *Cibercultura. La cultura de la sociedad digital*. Barcelona, Anthropos, p. 6.

30. Kling, R. (1994). *Reading "all about" computerization*.

31. Cf. Avila Diaz, W. (2013). *Hacia una reflexión histórica de las TIC*. Hallazgos, 213-233. Obtenido de https://www.redalyc.org/pdf/4138/413835217013.pdf

Inteligencia artificial

Podemos definir las IA como un conjunto de diversas tecnologías computacionales, que toman como inspiración y referencia los modos en que los seres humanos usamos nuestro sistema nervioso y nuestra corporalidad en general, para experimentar, sentir, aprender, conocer, razonar y actuar.

El término comenzó a utilizarse en 1956, en una conferencia en Estados Unidos, luego que John McCarthy eligiera el término "Inteligencia Artificial" para nuclear a diversos investigadores en un grupo de trabajo sobre las máquinas pensantes de la época. Desde ese nombre neutral evitaba centrarse solo en los autómatas o la cibernética basada en la retroalimentación analógica.

A esas primeras investigaciones y debates, le siguió un boom gracias al desarrollo de los lenguajes de programación y al avance en robótica. Dentro de este período encontramos programas como Eliza que interactuaba con una persona respondiendo preguntas, un precursor de los actuales *Chatbots*. Más adelante, en los años noventa, podemos encontrar un hito en las IA cuando el ordenador *Deep Blue* de IBM le ganó al campeón mundial de ajedrez Garry Kasparov.

No debemos olvidar, no obstante, que las IA actuales son producto de la evolución de las inteligencias humanas a lo largo de los miles de años de la de nuestra especie[32].

Cibernética

Este término fue creado por Norbert Wiener en 1948 para referirse a un campo entero de ideas, pretendiendo con un único

---

32. Cf. Markus, G. (2020). *En torno a la inteligencia artificial.* Buenos Aires: Fundación Medifé Edita.

término generar un orden con eficacia política gracias a la elaboración de aparatos que se dedicaran a ello. Estos aparatos tendrían que tener una apariencia y estructura antropomórfica, propiedades cognitivas similares a las humanas, y a largo plazo adquirirían aptitudes aumentadas[33].

La cibernética es una ciencia que se encarga de estudiar los sistemas comunicacionales entre seres vivos, pero aplicada a sistemas electrónicos y mecánicos. Wiener lo comenzó a utilizar para analizar la interacción entre barcos, sus timoneles, ubicaciones y meteorología. Luego en la década del cuarenta junto con Arturo Rosenblueth Stearns impulsaron el desarrollo de esta ciencia hacia ámbitos más amplios.

Como observaremos en los próximos capítulos, la cibernética se asocia en las obras de ciencia ficción con la robótica y los *cyborgs*. Esta ciencia se basa sobre todo en la *retroalimentación*, donde sus aplicaciones son reales y prácticas; no se limita a la construcción de desarrollos tecnológicos y/o electrónicos o mecánicos antropomórficos, sino que busca imitar capacidades humanas. Por eso también puede aprovecharse en educación, informática, psicología, entre otros ámbitos.

Terminamos con algunas breves definiciones que nos van a ayudar a comprender mejor los términos que utilizaremos en los capítulos siguientes.

  — *Robot*: máquina electrónica programable, creada para manipular objetos y/o realizar operaciones simples o complejas. Este término fue acuñado en la década del veinte del siglo pasado, lo que resulta increíble porque aún no existía ningún artefacto que lo encarnara. Surgió en la obra de teatro de ciencia ficción *Robots Universales Rossum* de Karel

---

33. Cf. Sadin, E. (2020). *La inteligencia artificial o el desafío del siglo. Anatomía de un antihumanismo radical*. Buenos Aires: Caja Negra.

Čapek, quien la ideó a partir de la palabra checa *robota* que significa trabajo.

- *Robótica*: también desde el arte encontramos esta palabra por primera vez gracias a Isaac Asimov en su obra *Círculo Vicioso* de 1942, donde esgrimió las tres leyes de la robótica que aún siguen vigentes, y que luego serían sumadas a las "Leyes de la robótica" más amplias y dinámicas. Estas tres primeras leyes afirman que un robot:

"no puede hacer daño a un ser humano o, por inacción, permitir que un ser humano sufra daño; debe obedecer las órdenes dadas por los seres humanos, excepto si estas órdenes entran en conflicto con la 1ª Ley; debe proteger su propia existencia en la medida en que esta protección no entre en conflicto con la 1ª o la 2ª Ley"[34].

- *Androide*: autómata con imagen de ser humano. Aquí comienzan los debates sobre cuándo es correcto hablar de robots o de androides. En ocasiones se los refiere como robots humanizados o humanoides, aunque lo correcto es decir androide en aquellas ocasiones que se les incluye IA. Aunque, no toda producción humanoide resultado del uso de una tecnología deviene en un robot o un androide. Pensemos en el caso de la criatura generada por el Dr. Frankestein a partir de tejido humano y electricidad, que Mary Shelley describió a comienzos del siglo XIX[35].

- *Cyborg*: esta palabra se forma desde *cyber* y *organism*, fue acuñada por Manfred Clynes y Nathan Kline, para definir

---

34. Asimov, I. (2010). *Yo, robot*. Barcelona: Edhasa, p. 5.

35. Muchas películas retratarán androides entre sus personajes. Sólo por dar algunos ejemplos: *Terminator, Blade Runer, Yo robot, Inteligencia Artificial*, entre otras.

los sistemas humanos-máquinas donde los mecanismos de control de un ser humano son modificados externamente por dispositivos o químicos para que el ser pueda existir en un entorno o condiciones diferentes a los normales.

Aunque parezca extraño, no todos los *cyborgs* están en obras de ciencia ficción; existe un creciente número de personas humanas reales que intervienen su cuerpo para serlo, y se comenzaron a registrar de ese modo. Tal ese el caso de Neil Harbisson que es el primer ser humano considerado y reconocido como tal. Harbisson nació con una anomalía que le impide ver colores, y le han implantado una antena en su cabeza para poder hacerlo. No obstante, luego le agregaron otras opciones tales como recibir datos, imágenes, música, llamadas, directamente desde aparatos externos a su cabeza.

Más allá de que observamos que las innovaciones tecnológicas suelen derivarse de obras de ficción, estas no predicen el futuro sino que muestran cómo el mundo puede ser transformado por las tecnologías, para bien o no. Desde la imaginación surge el futuro, que, desde la ética aplicada o no, en cada innovación, será realidad de una u otra manera.

Capítulo 2

¿Cuáles son los grandes desafíos de nuestra época?

La Cuarta Revolución Industrial ha irrumpido en nuestras vidas con innovaciones tecnológicas que quizás nunca hubiéramos soñado y, tal como expresamos en el capítulo anterior, nos obliga a repensar nuestra humanidad. Nuevos y maravillosos beneficios, riesgos y desafíos nos invitan a reflexionar, entre otras cosas, sobre una educación acorde al siglo XXI, que pueda integrar las sorprendentes creaciones técnicas a las que asistimos con una vida humana íntegra y con sentido.

Las Revoluciones Industriales

Hace aproximadamente diez mil años, la transición de la vida nómade al asentamiento agrícola significó cambios muy profundos de la humanidad en curso. Desde aquellos tiempos remotos los hombres y los animales comenzaron a contribuir en la producción y el transporte de todo lo producido. Los asentamientos humanos crecieron. Con el paso del tiempo, la nueva forma de asociarse y de trabajo centralizado sistemático da lugar al surgimiento de las ciudades. La Revolución Industrial, gestada en la segunda mitad del siglo XVIII, marca la transición de las energías musculares animales y humanas, que empleaban los primeros pueblos tanto antiguos como medievales, a la mecánica. Esta *Primera Revolución Industrial* se vinculó a la invención del motor a vapor y principalmente a la construcción del ferrocarril. La *Segunda Revolución Industrial*, de fines del XIX y principios del XX, estuvo fuertemente relacionada sobre todo con el advenimiento de la electricidad y la cadena de montaje, que hicieron posible la producción en masa de principios del siglo pasado.

La *Tercera Revolución Industrial*, denominada también revolución digital o del ordenador, se inició hacia 1960. En torno a esa fecha tuvo lugar el desarrollo de los semiconductores o la computación mediante servidores tipo *mainframe* (1970). En las décadas siguientes (1970-1980), hizo su aparición la informática personal, e Internet lo hizo cerca de 1990.

En el siguiente cuadro podemos observar los diversos aportes de las Revoluciones Industriales a las sociedades:

Revoluciones Industriales

Primera	*Segunda*	*Tercera*	*Cuarta*
Mecanización	Electricidad	Informática y Comunicación	Sistemas digitales
Máquina de vapor, energía hidráulica y mecanización de procesos.	Cadenas de montaje con electricidad. Producción en masa.	Tecnologías de la Información y comunicación. Automatización de procesos.	Internet de las cosas. Digitalización. Nube de datos. Sistemas cibernéticos y robóticos.

La Cuarta Revolución Industrial o la Segunda Era de las Máquinas

La era que estamos transitando, según el economista Klaus Schwab, tiene características muy peculiares. Amanece en los albores del siglo XXI y se caracteriza por haber continuado y aumentado la Tercera Revolución Industrial. Se descubren en este tiempo nuevas formas de energía digital, una Internet más ubicua y móvil, y sensores cada vez más potentes. Además de las IA, los sistemas de fabricación digitales y físicos cooperan entre sí de manera cada vez más flexible en todo el planeta, y el llamado aprendizaje de las máquinas comienza a sorprendernos. Nuevos avances se presentan en otros campos, tales como: los relativos a la secuenciación genética, el incremento de la nanotecnología, el de las energías renovables y la novedosa aparición de la computación cuántica. Quizá podamos diferenciar fundamentalmente la Cuarta Revolución Industrial de las anteriores por el intercambio de vinculaciones entre los dominios físico, virtual y biológico.

En este sentido, lo digital se cruza con la nanotecnología, la genética se acerca a la computación cuántica y el *Big Data* y las IA se mezclan con la Internet de las cosas o las fuentes renovables de energía. La velocidad, el alcance global y el impacto de las innovaciones 4.0 no tienen precedente. Estamos evolucionando a un ritmo exponencial nunca alcanzado[1].

Según la empresa *Salesforce*, el resumen más fiable de la Cuarta Revolución Industrial puede extraerse al examinar la tecnología que la está impulsando. Para Schwab, los avances tecnológicos derivados de estas disciplinas están acentuando hoy las posibilidades de que miles de millones de personas conectadas

---

1. Cf. Schwab, K. (2016). *La cuarta revolución industrial*. Barcelona: Debate, p. 3.

por dispositivos móviles tengan una capacidad de procesamiento, almacenamiento y acceso al conocimiento que nunca se había alcanzado.

El intercambio tecnológico entre los dominios físicos, biológicos y digitales

Además de la velocidad y la amplitud, la Cuarta Revolución Industrial es única debido a la creciente armonización e integración de variadas disciplinas y descubrimientos. Innovaciones tangibles, fruto de las interdependencias entre las diferentes tecnologías, dejaron de ser ciencia ficción: la actual fabricación digital puede interactuar con el mundo biológico. Algunos diseñadores y arquitectos ya están combinando el diseño por ordenador, la fabricación aditiva, la ingeniería de materiales y la biología sintética para crear sistemas que involucran la interacción entre microorganismos, nuestro cuerpo, los productos que consumimos e incluso los edificios que habitamos. Al hacerlo, están creando (e incluso "cultivando") objetos que mutan y se adaptan continuamente[2], características de los reinos vegetal y animal considerados en el capítulo anterior.

¿Qué cambios sociales, culturales, educativos y políticos nos plantean estas innovaciones?

Los asombrosos avances tecnológicos producen profundos cambios en nuestra forma de vivir, trabajar, comunicarnos e incluso entretenernos. Nuevas formas de negocios, producción, consumo, transporte, se incorporan sigilosamente a nuestra cotidianidad.

2. *Ibid.*, p. 16.

Los novedosos impactos tecnológicos conducen asimismo a rediseñar los sistemas económicos, sociales y políticos a escala nacional y mundial para responder a las nuevas posibilidades y desafíos[3]. El consumo, nuestra idea de propiedad, el tiempo que le dedicamos al trabajo y al ocio, nuestras capacidades y nuestras profesiones, cómo conocemos gente y cómo alimentamos las relaciones, las jerarquías o el trato de nuestra salud, se ven hoy cuestionados. Por eso, Schwab sintetiza sus reflexiones advirtiendo que no solo está hoy cambiando el "qué" y el "cómo" hacer las cosas, sino también "quiénes somos".

En este ámbito, existen varias tecnologías vitales en la industria 4.0 actual, entre otros: robótica, drones, sistemas ciberfísicos, realidad aumentada, entornos de realidad virtual y visión artificial, fabricación aditiva con impresoras 3D, *cloud computing* o la nube, *Big Data, blockchain* y ciberseguridad. En términos generales, podemos afirmar que, gracias a las nuevas tecnologías y a la información al alcance de todos, se está gestando una sociedad "más centrada en el yo", o lo que podríamos calificar como un proceso de individuación cada vez más marcado, que va ganando todas las profesiones. Lo cual puede percibirse claramente en la educación, que hoy se centra en la autoformación y autonomía del alumno que claramente goza de variadísimos recursos para informarse. El maestro hoy deviene un tutor que solo guía, acompaña o dirige la autoformación del discente.

Nuevas oportunidades: grandes beneficios y posibles riesgos

El consumidor parece ser el gran ganador. La Cuarta Revolución Industrial ha hecho posible nuevos productos y servicios que

---

3. *Ibid.*, p. 14.

aumentan prácticamente sin costo alguno la eficiencia de nuestras vidas como consumidores. Pedir un taxi, encontrar un vuelo, comprar un producto, realizar un pago, escuchar música o ver una película; cualquiera de estas tareas ahora se puede realizar de manera remota y ubicua. Internet, teléfonos inteligentes y miles de aplicaciones están volviendo nuestra vida más fácil. Un dispositivo sencillo como una *tablet*, que usamos para la lectura, la navegación y la comunicación, posee el poder de procesamiento equivalente a cinco mil ordenadores de escritorio.

Las IA están presentes en incontables aplicaciones: vehículos que se conducen solos, drones, asistentes virtuales y *software* de traducción, entre otros. Se han logrado avances impresionantes, impulsados por el aumento y la disponibilidad de grandes cantidades de datos, desde el *software* utilizado para descubrir nuevas tecnologías e incluso fármacos, hasta los algoritmos que predicen nuestros intereses culturales.

Hacen su aparición nuevos tipos de "aprendizaje de máquina" y descubrimiento automatizado, que les permiten a los robots y ordenadores "inteligentes" autoprogramarse y encontrar soluciones óptimas a partir de datos que continuamente se renuevan. Aplicaciones como Siri de *Apple*, ofrecen una muestra del poder desde un ámbito de las IA que avanza hacia los asistentes inteligentes. Asimismo, el reconocimiento de voz y las IA están progresando tan rápido que algunos tecnólogos proyectan que la "informática ambiental", en la cual asistentes personales robotizados están constantemente disponibles para tomar notas y responder las consultas del usuario, va a constituir nuestro futuro contexto.

Los dispositivos se han convertido en una parte creciente de nuestro ecosistema personal, escuchándonos, previendo nuestras necesidades o solucionando problemas concretos[4]. Estas maravi-

---

4. *Ibid.*, p. 16.

llosas innovaciones que crecen exponencialmente nos dejan perplejos y, en general, no estamos preparados ni personal ni institucionalmente para asumir los cambios tecnológicos señalados. Las innovaciones emergentes colocan a las humanidades ante la urgencia de reflexionar sobre cómo favorecer hoy la vida integral humana en todos sus sentidos.

Debemos reconocer que algunas de las dificultades que se presentan vinculadas a la nueva situación tecnológica, consisten en que los grandes beneficiarios de la Cuarta Revolución Industrial son proveedores de capital intelectual o físico (los innovadores, los inversionistas y los accionistas). Quizás esta situación aumente la distancia entre los trabajadores y los dueños del capital tecnológico.

El llamado *efecto de plataforma*, otro gran riesgo que se presenta, consiste en que organizaciones digitales suelen crear redes que los favorecen, conectando a compradores y vendedores de una amplia variedad de información, productos y servicios para disfrutar así de rendimientos crecientes a escala. Para evitar la concentración del valor y del poder en unos pocos dueños, tenemos que encontrar maneras de equilibrar los beneficios y riesgos de las plataformas digitales (incluidas las industriales), mientras se garantiza la apertura y las oportunidades para la innovación colaborativa[5].

Los individuos son empoderados y excluidos al mismo tiempo por el uso de tecnologías emergentes por parte de gobiernos, empresas y grupos de interés. El siguiente texto del Foro Económico Mundial nos ayuda a reflexionar:

5. *Ibid.*, p. 17.

EL CIUDADANO DESEMPODERADO

El término "ciudadano (des)empoderado" describe la nueva dinámica de la interacción de dos tendencias: una, el empoderamiento; la otra, el desempoderamiento. Los individuos se sienten empoderados por los cambios en la tecnología, que les facilitan recabar información, comunicarse y organizarse; además, están experimentando nuevas formas de participar en una vida cívica. Al mismo tiempo, hay individuos, grupos de la sociedad civil, movimientos sociales y comunidades locales que se sienten cada vez más excluidos de una participación significativa en los procesos de decisión tradicionales, incluidos el voto y las elecciones, y desempoderados en cuanto a su capacidad para influir y ser escuchados por parte de las instituciones dominantes y las fuentes de poder en el gobierno nacional y regional.

En el caso más extremo, hay un peligro muy real de que los gobiernos puedan emplear combinaciones de tecnologías para suprimir o perseguir acciones de las organizaciones de la sociedad civil y los grupos de individuos que busquen aumentar la transparencia alrededor de las actividades de los gobiernos y las empresas, a fin de promover el cambio. En muchos países del mundo hay pruebas de que se está reduciendo el espacio de la sociedad civil a medida que los gobiernos promueven legislación y otras políticas que limitan la independencia de grupos de la sociedad civil y restringen sus actividades. Las herramientas de la cuarta revolución industrial permiten nuevas formas de vigilancia y otros medios de control que van en contra de las sociedades saludables y abiertas. Fuente: Informe sobre riesgos globales 2016, Foro Económico Mundial[6].

Por otra parte, el historiador Yuval Harari nos advierte acerca del gran riesgo del dataísmo en su libro *Homo Deus*. Si el dataísmo estuviera equivocado y los organismos fueran solo algoritmos,

---

6. *Ibid.*, p. 73.

igual cabría la posibilidad de que el primero se apoderara del mundo, porque se está propagando hacia todas las disciplinas científicas[7].

Desafíos

Nuestro trabajo consiste en proponer que los desafíos puedan convertirse en oportunidades de una manera adecuada y proactiva. El mundo cambia con una velocidad inesperada, está hiperconectado, resulta cada vez más complejo. Uno de los propósitos será proyectar nuestro futuro de manera tal que nos beneficie a todos.

Como un primer y vital paso, tenemos que aceptar la nueva situación técnica en todos los sectores de la sociedad. La situación es global y solo podemos afrontarla desde la totalidad en juego. Sólo un enfoque incluyente puede generar un espíritu integral humano que acompañe los avances de esta Cuarta Revolución. Esto exigirá estructuras colaborativas y flexibles que reflejen la integración de los diferentes ecosistemas –como abordamos en el primer capítulo–. Es decir "que reúnan a los sectores público y privado".

En segundo lugar, basados en una comprensión compartida global, necesitamos generar narrativas positivas, integrales, acerca de cómo podemos desarrollar positivamente esta Cuarta Revolución. La ética y los valores integrarían el corazón de nuestros comportamientos individuales que asumen las nuevas técnicas. Las narrativas también deben ser plenamente humanas para que lo tecnológico adquiera un éxito integral.

En tercera instancia, las nuevas propuestas de esta Cuarta Revolución requerirán una innovación sistémica en sentidos diversos, y no ajustes a pequeña escala o reformas superficiales. Debemos

7. Harari, Y. (2015). *Homo Deus. Breve historia del mañana*. Barcelona: Debate, p. 470.

empezar, asimismo, a reestructurar nuestros sistemas económicos, sociales y políticos para aprovechar al máximo las oportunidades que se presentan.

Estos tres pasos muestran que no podemos llegar a un mundo tecnificado y más humano sin la cooperación y el diálogo, en los ámbitos locales, nacionales y supranacionales, y que todas las partes interesadas deben participar en él. El Director del Foro Económico Mundial, aconseja en este sentido que:

"Fomentemos un futuro que funcione para todos al poner a la gente primero, potenciándola y recordando constantemente que todas estas nuevas tecnologías son, ante todo, herramientas hechas por las personas y para las personas. Por lo tanto, asumamos una responsabilidad colectiva por un porvenir en el cual la innovación y la tecnología se centren en la humanidad y la necesidad de servir al interés público, y garanticemos que las utilicemos para que nos lleve a todos hacia un desarrollo más sostenible"[8].

Podemos gestar, con mucho entendimiento y trabajo, un nuevo renacimiento cultural que nos permitirá sentirnos parte de algo mucho más grande que nosotros mismos: una verdadera civilización global.

La Cuarta Revolución Industrial presenta múltiples posibilidades, entre ellas, la capacidad de robotizar a la humanidad y poner en peligro nuestras fuentes tradicionales vinculadas con el trabajo, la comunidad, la familia y la identidad humanas. O podemos utilizarla para elevar la humanidad a una nueva conciencia colectiva y moral basada en un sentimiento de destino de todos. Nos incumbe a todos asegurarnos de que este último cometido suceda.

Podríamos confirmar que necesitamos una Nueva Ilustración para limitar los riesgos y maximizar los beneficios de la Revolución

---

8. Cf. Schwab, K. (2016). *La cuarta revolución industrial*, p. 89.

Industrial actual. Una nueva filosofía que reajuste criterios éticos y oriente cambios legales y políticos. Proceso complejo que puede llevar décadas y desborda la capacidad de cualquier Estado[9]. ¿Cómo entendemos hoy el nuevo mundo al que estamos asistiendo?

La máquina "mente". El aprendizaje y la autonomía de las máquinas

Aristóteles, hace dos mil años, intentaba convertir en reglas la mecánica del pensamiento humano. Sabios como Leonardo da Vinci, hace unos cuantos siglos también, habían intentado construir máquinas que actuaran en forma similar a los humanos. Siguiendo estos intentos ahora, en lo que toca a nuestra época desde que se creó la informática, la revolución más grande que ha alcanzado la tecnología está relacionada con la de intentar imitar las capacidades humanas, usando refinados *softwares* o robots para llevar a cabo tareas.

Las IA, como afirmamos en el primer capítulo, son relativamente nuevas, cambiantes y se encuentran aún en etapa experimental. Podríamos entonces, muy rudimentariamente, calificarla como una ciencia encargada de crear algoritmos y sistemas informáticos capaces de resolver problemas relativamente complejos (industriales, comerciales, económicos). Estos algoritmos inteligentes hoy controlan centrales nucleares, suministros de todo tipo, misiles armados, telefonía celular, servicios de atención, bancos o videojuegos. Mentes muy destacadas tales como las de Bill Gates, Elon Musk o el mismo físico Stephen Hawking, advierten acerca de los riesgos existenciales de estas creaciones. Contrariamente,

---

9. Para profundizar esta temática, les proponemos consultar el siguiente link: https://www. bbvaopenmind. com/humanidades/pensamiento/10-tips-para-adelantarte-al-futuro-descifrando-la-nueva-ilustracion/ (Consulta 14.01.24).

Marvin Lee Minsky, uno de los grandes inventores de IA, animosamente defendía que la humanidad se salvaría con la ayuda de las máquinas.

Por otra parte, las IA se vinculan con las computadoras herramientas. Se entiende, en cambio en líneas generales, por artefacto "fuerte" aquel por medio del cual se pretende imitar las habilidades cognitivas de nuestro cerebro y construir una suerte de máquina mente. Las IA, que intentan emular la base física de nuestra psiquis, presentan una arquitectura conexionista basada en el establecimiento de unidades llamados nodos similares a nuestras neuronas. Esos nodos reciben algún *imput* físico y pueden inhibirlo o transmitirlo a otros nodos en base a ciertos pesos o valores cuantitativos que surgen de la relación entre sus entradas y sus valores de umbral. Según las relaciones recíprocas entre los nodos en base al procedimiento indicado, la información se va configurando de un modo típico y podemos decir que el sistema "aprende", "adquiere experiencias" y alcanza a dar una serie de respuestas con mayor complejidad que las elaboradas en los sistemas tradicionales. La información no se propaga de modo secuencial sino en paralelo, en esta red denominada neuronal.

Ahora bien, tanto la computación simbólica como las redes neuronales pueden realizar deducciones, traducciones, resolver teoremas, realizar trabajos físicos mediante robots. Asimismo, sorprendentemente se presenta la posibilidad de que creen cuentos, canciones o historias. Los sistemas inteligentes pueden imitar, copiar, aproximarse cada vez más a las complejas actividades del animal y del ser humano, pero estas operaciones no constituyen actos propios de un viviente que se autoconforma con su entorno físico y vital. Las máquinas operan aún rudimentarias, aunque eficientes, imitaciones de lo vivo.

Las máquinas informáticas simbólicas y las redes no realizan actos vitales, por lo tanto difícilmente podemos afirmar que "sienten", "conocen", "se emocionan", "se mueven con una intencionalidad inmanente". Su intencionalidad es derivada, propia del hombre que las maneja. Una máquina puede superar al hombre en rapidez e inferencias matemáticas, puede relacionar datos de manera sorprendente, vencer al ajedrecista más avezado pero siempre sus operaciones son, en términos generales por el momento, unilateralmente matemáticas, cuantitativas, extensionales, mecánicas y relativamente repetitivas. En áreas de la ingeniería, la economía, la física, la medicina, superan al ser humano en los ámbitos logísticos, organizativos, matemáticos, descriptivos, pero no llegan a "aprehender la realidad" o "autoconformarse" con la realidad, aspectos de nuestra inteligencia desarrollados por el filósofo Xavier Zubiri.

La inteligencia humana que puede concebirse como inteligencias múltiples puede ir en marcha hacia una totalidad de sentidos relativos a las temáticas que aborda. Los sistemas inteligentes, aunque absolutamente eficientes en un sentido unilateral, no pueden alcanzar una consideración global, ni prudencial de la realidad. La máquina no resuelve totalmente, al menos hasta hoy, problemas integrales, familiares, afectivos, filosóficos, teológicos, políticos o educativos; aunque posibilita datos absolutamente imprescindibles para solucionarlos.

Si tuviéramos que utilizar una expresión para transmitir esta situación, diríamos que la razón computacional se acerca a la razón instrumental, que describió Jürguen Habermas[10]. La propuesta de racionalidad comunicativa del pensador alemán complementaría la razón instrumental moderna. El filósofo alemán propone un diálogo de saberes entre técnicos, políticos y ciudadanos, para lograr procesos de aprendizaje mutuos y de control democrático.

---

10. Cf. Habermas, J. *Conocimiento e interés*. Madrid: Taurus, 1989.

La educación en la era informática

Byung-Chul Han, en su libro sobre las *No-cosas* nos advierte: "es la información, no las cosas, la que determina el mundo que vivimos"[11]. Este autor insta a pensar cómo recuperar hoy, en nuestra época altamente digitalizada, las cosas que se desmaterializan, la realidad en su rica complejidad, los cuerpos, las relaciones personales, la magia de los lugares y los espacios, la tierra o el cielo. Agregaríamos a las afirmaciones de este pensador que es necesario incorporar hoy los grandes beneficios que nos proporciona la Cuarta Revolución Industrial que transitamos, y que está cambiando nuestras vidas.

Como pensadoras humanistas nos encontramos, pues, ante el desafío y la necesidad de estar a la altura técnica de nuestro tiempo, intentando recuperar el misterio y la magia de lo sólido, de los acontecimientos vivos o las consideraciones abarcadoras de la realidad que nos envuelve. Creemos que la gran protagonista de los cambios epocales que nos permiten crecer es hoy la *educación*. Han propone redescubrir hoy la capacidad de sentir, de vibrar, de aprender a vincularnos desde el corazón con lo que nos rodea. Este inicio descubridor guía posteriores búsquedas. En vez de robotizarnos, la educación de las emociones nos va a permitir, en la interacción con el mundo y con los otros, ir descubriendo qué queremos y quiénes somos.

La observación y la atención profunda y persistente es la puerta del alma o la oración de la misma, que permite recibir la rica, compleja, profunda y, a veces, oscura realidad que nos rodea. Difícil empresa debido al continuo ruido en que vivimos envueltos.

---

11. Han, B.-C., *No-Cosas. Quiebres del mundo de hoy*, Buenos Aires, Taurus, 2021, p. 14.

El aprendizaje desde las experiencias vivas, el contacto físico con las cosas o la creación de encuentros y lazos entre las personas, colabora para que el ámbito informático ocupe sus verdaderos espacios. En este sentido, siguiendo las huellas de los trabajos de Martin Heidegger, nos interesa pensar nuevamente hoy, la estrecha, sanadora y vinculante relación que existe entre las manos y la mente humanas. La recuperación de las tradiciones, de los ritos, del aroma del tiempo y de las narraciones, hacen también a nuestra integridad concreta individual y social actuales. El filósofo coreano nos invita además a recuperar el profundo valor educativo de las artes representativas que tienden hoy a emplearse como instrumentos comerciales o políticos[12].

Las IA –casi omnipresentes en los dispositivos y eficaz para diversas actividades y profesiones– deben combinarse urgentemente con la capacidad de nuestro pensamiento para iluminar la realidad que nos toca vivir. La inteligencia de los datos, probabilística, experta, aún relativamente mecánica y repetitiva, solo puede ser eficiente en estrecha vinculación con la inteligencia dinámica, creativa y de captación de sentidos totales del hombre.

Nuestros combates actuales quizás se emparenten con no perder las ricas experiencias, el cuerpo, las relaciones concretas o las cosas, para que los maravillosos avances informáticos puedan constituirse en instrumentos eficientes para resolver las totalidades, complejas y misteriosas, que nos toca enfrentar.

Si no fortalecemos al hombre en sus capacidades concretas de sentir, pensar y obrar con sentido, podríamos caer en lo que Yuval Noah Harari pronostica: la autoridad podrá pasar de los humanos a las máquinas. Los algoritmos de macrodatos peligrosamente podrán en un futuro supervisar todos los asuntos. Gilbert Simon-

---

12. Cf. Han, B., *La desaparición de los rituales. Una topología del presente*, Barcelona: Herder, 2020.

don, físico y filósofo, intentó afrontar los grandes desafíos técnicos desde una cultura que pudiera integrarlos a las ciencias sociales y a las creencias religiosas, sugirió que cada época debe descubrir nuevamente su humanismo, orientándolo contra el peligro principal de alienación[13].

En este capítulo, intentamos entonces comenzar a caminar hacia una cosmovisión integradora, como sugiere el físico francés, que vincule los maravillosos avances técnicos con una vida humana comunitaria y significativa.

Los nuevos desafíos humanos en nuestra era informática consisten en complementar nuestra capacidad de vivir, pensar, sentir y decidir con estos instrumentos maravillosos que facilitan tareas mecánicas, matemáticas, estadísticas, informáticas que permiten alivianar ciertas tareas. Hoy más que nunca, debemos fortalecer lo humano integral para que los nuevos dispositivos puedan ser puestos a nuestro servicio[14].

---

13. Cf. Simondon, G. (1969). *Du mode d existence des objets techniques.* Paris: Librairie Le Piano-Livre.
14. Driollet, T. (15 de 04 de 2021). *Algunas advertencias de Byung-Chul Han. Criterio Digital.* Obtenido de https://www.revistacriterio.com.ar/blog-inst_new/?p=16740/ (consulta 19.09.2024).

Capítulo 3

Me encontré con una IA

Habrán notado que en estos tiempos digitalizados tenemos que demostrar –ante una computadora–, para ingresar a algún sitio web o cuenta personal, que *no somos robots*.

Si bien compartimos muchas de sus capacidades, porque son nuestras creaciones, existen algunas que son más propias de estos robots. Pueden crear una memoria inconmensurable de información y análisis sobre los temas buscados en Internet, generar respuestas mucho más rápidas –transacciones comerciales, subastas y juegos–, simular una conversación humana –con los modismos de los lugares a los que pertenecemos, dónde estamos en el mundo, cuál es nuestro idioma preferido–, dar respuestas automáticas a preguntas, pudiendo derivar a un *verdadero* ser humano que termine su consulta, o bien abriendo nuevos menús de preguntas y respuestas. Pueden actuar como correctores de textos, links, búsquedas y protectores del vandalismo digital (*hacking, phishing,* suplantación de identidad, entre otros)[1]. Aumentan el número

---

1. *Hacking*: violación de la seguridad digital de un sitio o aplicación *online*, no siempre realizado con fines ilegales, aunque mayormente se lo conozca por eso.

de interacciones en la web y redes sociales simulando un incremento de tráfico, provocando nuevos posicionamientos en temas, hashtags (#), influencias, y en ocasiones actuando como haters o *trolls*[2]; y usan los correos electrónicos, números de teléfono u otros datos de redes para generar Spam, copiando masivamente contenidos subidos a la red.

Más allá de que este tipo de acciones se utiliza para proteger nuestros datos de programas informáticos automatizados, la pregunta sigue siendo significativa y amplía aún más el cuestionamiento: ¿qué es hoy lo que nos hace *humanos*?

Algunas características que captaban las páginas de Internet para definir si somos o no robots provenían de los movimientos del mouse. Si eran muy lineales, repetidos al mismo intervalo, o mecánicos, los programas co- menzaban a sospechar, y quizá nos pedían encontrar un tópico de- terminado entre un conjunto de imágenes –lo que actualmente también puede realizarlo un robot–, o bien copiar un *Captcha* (*Completely Automated Public Turing Test*). La prueba que se realiza a través de esta prueba tiene dos partes: una secuencia alfanumérica alea- toria que aparece como una imagen distorsionada, y un cuadro de texto que hay que completar, para demostrar que somos "seres humanos"[3].

Ahora bien, al ir resolviendo estas preguntas también estamos alimentando la base de datos de las IA, les estamos diciendo por

---

Phishing: actividad delictiva que implica robar datos sensibles de una persona, empresa, institución u organismo, tales como contraseñas de cuentas bancarias, tarjetas de crédito, entre otras.

2. *Haters*: personas que difaman o critican a otros de manera violenta.

Trolls: usuarios que publican mensajes ofensivos o provocativos para boicotear una conversación, o solo para molestar al resto.

3. Seijo, P. (2020). "Yo no soy un robot: reflexiones sobre inteligencia artificial y sociedad mediante el ejemplo de los «captcha»". *Tecnología & Sociedad* (9), 37-54, p. 42.

ejemplo las distintas maneras de reconocer una señal de tránsito, desde distintos ángulos, países, entre otros: las ayudamos a reconocer patrones. Cuando escribimos alfanuméricamente lo que está desdibujado en una imagen, o bien cuando marcamos las diversas representaciones que contienen un elemento sugerido (semáforo, toma de agua, motocicleta, entre otros) alimentamos su información. Ya en 2019, en la plataforma de búsqueda *Google*, figuraba que los *Captcha* resueltos por cientos de millones de las personas diariamente, se convierten en base de datos de las *machine learning*. Esto coopera para que las IA mejoren y resuelvan problemas cada vez más complejos:

> "Nosotros, los humanos, amablemente ayudamos entonces (mayormente sin saberlo) a resolver problemas de inteligencia artificial (IA). Nos quedamos entonces pensando si somos humanos resolviendo problemas de IA"[4].

Entonces, ¿ellos trabajan para nosotros o nosotros para ellos? ¿Cómo regularlos o limitarlos? Los ingenieros Osonde Osoba y Willam Welser proponen tres opciones para regular las posibles consecuencias negativas del uso cotidiano de algoritmos: evitarlos, exigir su transparencia o auditarlos. La primera opción es bastante imposible, en este momento de la humanidad, la transparencia requerirá más educación tecnológica para que los usuarios puedan entender el uso de los datos y algoritmos, y la auditoría de normas internacionales[5].

Orwell, en su libro *1984*, describía una sociedad consciente de estar siendo dominada, en cambio, hoy no todos tienen esa conciencia. Byung-Chul Han nos advierte que en la actualidad

4. *Ibid.*, p. 22.
5. *Ibid.*, p. 48.

confundimos autorrealización con autoexplotación[6]. Estamos inmersos en sociedades cansadas de la explotación de personas y recursos, desequilibrios de todo tipo –laboral, alimenticio, tiempos de ocio, sociales, entre otros–, nos encontramos mayormente alejados de los ritmos de la naturaleza, nos sentimos desarraigados y descentrados. Ese cansancio nos hace buscar en la técnica la resolución de tareas simples y complejas: comidas instantáneas, robots de cocina y limpieza, IA de todo tipo. Estamos tan cansados que no tenemos inconveniente en que un programa o elemento tecnológico haga nuestras tareas, y quizá hasta ahora no nos hayamos detenido a ponderar bondades y consecuencias.

Varias películas, tales como la animación *Wall-E*, reflejan esas realidades. Es verdad que hay cansancios y cansancios; es distinto el cansancio corporal luego de hacer actividad física, el mental tras una larga jornada, el feliz luego de haber realizado una actividad solidaria, que el del vacío espiritual. Entre todos ellos, Byung-Chul Han reflexiona augurando un tipo de cansancio que termina siendo sanador, para poder superar el negativo. Reinterpreta el mito de Prometeo

> "considerándolo una escena del aparato psíquico del sujeto de rendimiento contemporáneo, que se violenta a sí mismo, que está en guerra consigo mismo. En realidad, el sujeto de rendimiento, que se cree en libertad, se halla tan encadenado como Prometeo"[7].

El águila devorando el hígado que crece constantemente es interpretado por Han como su *alter ego*, por lo que la relación

6. Cf. Geli, C. (2008). "Ahora uno se explota a sí mismo y cree que está realizándose", Byung-Chul Han. *El país*. Obtenido de https://elpais.com/cultura/2018/02/07/actualidad/1517989873_086219.html

7. Han, B.-C. (2012). *La sociedad del cansancio*. Barcelona: Herder.

entre Prometeo y su hígado es la que tiene consigo mismo, donde se autoexplota permanentemente. El dolor del hígado devorado le provoca un cansancio infinito. Este mito así, se convierte en la figura primigenia de la *sociedad del cansancio*. Y continúa diciendo:

"Kafka emprende una reinterpretación interesante del mito en su críptico relato «Prometeo»: «Los dioses se cansaron; se cansaron las águilas; la herida se cerró de cansancio». Kafka se imagina aquí un cansancio curativo, un cansancio que no abre heridas, sino que las cierra"[8].

Y aquí se abren nuevos interrogantes. Parafraseando a Kush: ¿somos o estamos en ese estado de cansancio que menciona Han? ¿Es posible sanar la herida del cansancio? ¿Cómo sería la relacionalidad con las IA en todos estos casos?

Interacciones y charlas con un ChatBot. Experiencias reales y ficcionadas

Es muy probable que la gran mayoría de nosotros haya mantenido un intercambio de mensajes con algún programa denominado *ChatBot, softwares* que desde 1966 cada vez se tornan más cotidianos y familiares. El primero de ellos se denominó Eliza.

Si bien se basan en respuestas prediseñadas para preguntas determinadas, luego pueden adaptarlas según una conversación similar con el usuario, con los aportes que se les hagan, y por ahora digamos con lo que "aprendan".

Comparto un ejemplo. Durante la pandemia, hubo un día en que me dolía la garganta, y desde el trabajo me pidieron que llame

8. *Ibid.*

a un médico para que evaluara qué tenía. Al hablar al teléfono de mi Obra Social, me pasaron a mi *WhatsApp* un link a un *ChatBot* de un Servicio Médico. Desde ese link me fueron enviando opciones para ir contestando desde un menú: nombre y apellido, edad, datos básicos varios, temperatura, dolores, preexistencias, entre otros. Lo más extraño sucedió cuando el *Bot* me pidió enfocar con la cámara de mi celular mi rostro por varios segundos, luego mis ojos, luego colocar el micrófono del celular sobre mi pecho para medir la cantidad de latidos. Nunca hablé con un ser humano, pero al parecer mis síntomas indicaban una angina y con un reposo de cuarenta y ocho horas, para el cual también por *WhatsApp* me enviaron el certificado que indicaba el tiempo en el que estaría lista para volver al trabajo. Me sentí de manera muy similar a las consultas médicas *online* que el programa de dibujos animados *Los Supersónicos* propuso en los años sesenta, y con una profunda necesidad de hablar aunque sea con una cara humanoide que me diera el mismo diagnóstico.

Los *ChatBots* más conocidos en la actualidad son los siguientes asistentes digitales: ChatGPT de OpenAI, Google Gemini, Copilot de Microsoft, Claude, Siri, Alexa, Cortana, entre otros.

Para profundizar en las infinitas posibilidades, transcribimos un ejemplo de *conversación* entre una IA y un usuario[9]:

"*Usuario*: –Sugerencia regalo Navidad.

Corti: –Hola Ricardo, ¡qué bien tenerte por aquí! Soy Corti, un asistente virtual programado para ayudarte a encontrar regalos de Navidad. ¿Qué te gustaría hacer? Marcar 1- ¡Ver regalos!; 2- At. al Cliente; 3- Salir

---

9. En línea: https://vicampuzano.com/wp-content/uploads/2018/11/cortibot-1024x876.jpg (Consulta 01.02.23).

Usuario: 1

Corti: ¿A quién te gustaría sorprender, Ricardo? Puedes escribirme "A mamá, mi hijo, mi hermana"

Usuario: Novia

Corti: ¡Qué bonito es el amor, Ricardo! Confírmame los años que tienes y así te recomendaré el regalo perfecto. Escríbeme por favor solo el número

Usuario: 42

Corti: "Ya me voy haciendo una idea…"

La conversación continúa, como si estuviéramos hablando con un ser humano real, de carne y hueso, y vamos suministrando información propia y ajena sin pensar en consecuencias negativas, como algunas de las que mencionamos más arriba.

Si nos detenemos a revisar la página oficial de Siri[10] podremos ver que hasta comienzos del 2022 podía: realizar llamadas y enviar mensajes sin mover un dedo; podía leerte los mensajes y decirte quién te llama a través de los *Airpods,* dictarle "escribirle a Carlos, estoy llegando signo de exclamación", podías pedirle: "oye Siri, llama a mamá por el altavoz". Podía recordarte hacer llamadas a una determinada hora, terminar las frases por ti, corregirte la ortografía y gramática, despertarte, avisarte cuándo salir dependiendo del tráfico, hacer cuentas y/o conversiones monetarias, administrar tu agenda, crear atajos a tus *app* habituales, encontrar la canción que quieres escuchar o conocer información sobre tu músico o banda favorita, crearte listas de reproducción para la oficina, el gimnasio o tu casa. Era capaz de controlar una casa inteligente: por ejemplo la temperatura, encender un artefacto, sugerirte un tono o color de luces, abrir un portón, mostrarte las cámaras de un lugar, entre

---

10. En línea: https://www.apple.com/es/siri/ (Consulta 01.02.23).

otras cosas. Siri podía traducirte palabras y frases de gran cantidad de idiomas del mundo, buscarte críticas de películas, reservarte pasajes o entradas, buscar imágenes en tu galería o en Internet dándole pistas de lo que estás buscando, encontrar tus auriculares o llaves, rastrear tus archivos en la nube para que los leas o edites, buscarte atajos en diversidad de búsquedas y tareas. En su página oficial aparecían varias frases atrayentes tales como: "Siri es una forma más rápida y fácil de hacer de todo como si nada", "Tiene respuestas a todo tipo de preguntas", "Siri te da respuestas antes de que termines una búsqueda", "Hace tu día mucho más llevadero", "Siri no deja de aprender, para no parar de ayudar", "Te conoce mejor cada día gracias al aprendizaje automático y, además, es personalizable para que te resulte aún más práctico. Es posible configurarla en uno de los 21 idiomas disponibles, decirle quién es tu familia y recordar palabras poco habituales con deletrearlas, para que las reconozca la próxima vez". No obstante, nos tranquilizaba afirmando que pese a que *sabe todo* sobre nuestra vida y búsquedas, nuestra información está bien resguardada.

Revisando las posibilidades de Siri –hasta marzo de 2022–, varias de ellas nos resultaban muy útiles, otras muy invasivas, e incluso algunas muy aterradoras. Sun Tzu, en *El arte de la guerra*, ya nos advertía que la gente no desconfía de lo que le resulta familiar. Estos *asistentes* entonces, ¿son algo que debe preocuparnos, o siguen siendo un programa u objeto a utilizar para poder dedicarse al ocio en esta sociedad del cansancio?[11].

Por ejemplo, en el año 2016, Hitoshi Matsubara, profesor de la *Future University Hakodate* de Japón, programó una IA para que pudiera redactar un texto literario. Si bien fijaron la trama de la narración y los personajes, luego el programa eligió las pa-

---

11. Veamos en el Apéndice lo que está aconteciendo actualmente con el Chat GPT.

labras para armar el *corpus* general. El título de ese trabajo fue *El día en que un ordenador escribió una novela*. Luego, lo presentaron ante un jurado que ignoraba su origen y lo seleccionaron para participar de un concurso. En esa época también, *Google* publicó imágenes creadas por algoritmos que pintaban motivos realistas y/o abstractos. Asimismo, el programa *Tensor Flow* escribía melodías para pianos y otra IA ayudó a terminar la décima sinfonía de Beethoven.

Buscando encarnar aptitudes humanas inspirados en imaginarios ancestrales, pero desde la sofisticación técnica actual, encontramos a Norbert Wiener desde mediados de siglo pasado quien buscaba desarrollar tecnologías que reprodujeran los mecanismos cerebrales humanos. Décadas más tarde, apareció el programa *Deep Blue* de IBM que le ganó en ajedrez al campeón mundial Gari Kasparov en 1996, o *AlphaGo* que venció al campeón de Go en 2016.

En esa época, *Google* compró un programa desarrollado por *Deep Mind* buscando "destilar la inteligencia en una construcción algorítmica a fin de comprender mejor el funcionamiento de nuestras mentes"[12]. Comenzaron a buscar cómo generar "redes neuronales artificiales", e intentar sobrepasar "el poder cerebral y cognitivo humano en ciertas tareas específicas, en vistas a garantizar la gestión de actividades existentes o nuevas de modo infinitamente más rápido, optimizado y fiable"[13].

Hasta el 2023, encontramos varias capacidades o facultades de las IA, ellas podían: interpretar situaciones (estado de reactores, aviones, correlato de hechos, evaluación de estados de situación financiera, entre otros), sugerir (consejo a empresas sobre contrata-

---

12. Sadin, É. "La inteligencia artificial: el superyó del siglo XXI", (2019), Nueva Sociedad, pp. 141-142.
13. *Ibid.*

ciones, parámetros, ofertas, perfiles de usuarios), manifestar autonomía decisional, emprender acciones sin una validación humana previa, poseer facultad de autoaprendizaje o *machine learning*, entre otros. Estas facultades pueden definirse también como

> "una aptitud reciente que concibe el lenguaje de programación no ya como algo que determina de un extremo al otro el «comportamiento» de un sistema, sino como una primera base a partir de la cual su nivel de competencia va a mejorar regularmente a lo largo de sus «experiencias»"[14].

Actualmente, una gran cantidad de empresas intentan dominar la "informática cognitiva", más allá del dominio del cálculo y la programación, aumentando la injerencia de las decisiones algorítmicas en los asuntos humanos. Pensemos por ejemplo en los *GoogleCars*, que a través de sensores y la ayuda de *GoogleMaps* pueden transitar calles y rutas sin un conductor humano; a través de datos y programaciones, pueden reaccionar ante imprevistos y riesgos, intentando consumar el sueño de "accidentes cero", y donde el factor humano tiende a ser neutralizado. En estos encuentros cercanos con las IA, no es difícil pensar que podremos considerarlos en muchos casos, como compañeros de trabajo en empresas, fábricas e instituciones diversas.

En cada momento de las revoluciones industriales, muchas personas temían y temen que las tecnologías las reemplacen, aunque otras comenzarán a tener nuevos empleos por ellas –por ejemplo, supervisores de funcionamiento, programadores, diseñadores–. En los hechos, en esos momentos, se ha producido un reposicionamiento humano, en principio "ontológico", donde se redefine lo "humano" por otros seres humanos. "Estos últimos

---

14. *Ibíd.*, p. 143.

ya no son considerados como quienes detentan una facultad de juicio exclusiva y son simbólicamente suplantados por una nueva instancia de verdad que se estima superior"[15].

En segundo lugar, un reposicionamiento *antropológico*, donde una fuerza externa interpretativa y decisional, legítimamente instalada, va eliminando lo *humano* de sectores cada vez más amplios. Y, por otra parte, muchas personas se sienten humilladas por estos cambios, y los promotores de las IA intentan con más fuerza legitimarlas ante la sociedad como complementarias y valiosas junto a nuestras creatividades inigualables.

Yann LeCun, quien fue directivo del departamento de IA de *Facebook,* afirmaba ante los miedos masivos que:

"los oficios creativos y relacionales tienen más bien un buen porvenir. Por lo tanto, la máquina no va a reemplazar al humano sino en raras ocasiones. La mayor eficacia se produce cuando el humano se asocia con la máquina"[16].

No obstante, la interacción entre seres humanos e IA se profundiza cuando estas últimas analizan gestos, palabras y emociones, y van mejorando gracias al *deep learning* que permite intercambios cada vez más fluidos entre procesadores y humanos. Las sugerencias que van haciendo las IA se van naturalizando, e intervienen "espontáneamente" en nuestras acciones y decisiones, transformándose en

"inteligencia ambiente". Estas inteligencias comienzan entonces a levantarse como un superyó que traspasa nuestras fallas y nos llevan por el camino de la verdad. El Espíritu de *Silicon*

---

15. Kallenborn, G. (s.f.). *Une intelligence artificielle malveillante pourrait elle détruire l'humanité?* Obtenido de hightech.bfmtv.com
16. *Ibid.*

Valley consuma el fin de la historia, dejando emerger un mundo nuevo, desprovisto de toda fricción y aspereza y que vive en plena concordancia"[17].

Durante décadas, hemos sido testigos –tanto desde la ficción, como de reflexiones desde diversas ciencias– del vaticinio de la extinción de la humanidad a causa de las IA que, desde una autonomía total, eliminarían a sus propios creadores. Sin embargo, esto es, al menos hasta ahora, una visión fantasiosa. No estamos ante la extinción de la especie humana; lo que puede traer la *Weltanschauung* (cosmovisión) siliconiana es más bien la *erradicación de la figura humana*, la muerte del ser humano del siglo XX que delega a sistemas más aptos que él la manera "para ordenar perfectamente el mundo y garantizarle una vida libre de sus imperfecciones"[18].

¿Están vivas las IA?

En el primer capítulo comenzamos a pensar si podíamos llegar a considerar a las IA como seres vivos en algún momento. Y así como una reconocida conductora de programas de televisión de Argentina, al escuchar que uno de sus invitados había encontrado un dinosaurio, ella le preguntó asombrada: "¿¡Vivo?!", en muchas ocasiones pareciera que el antropomorfismo, los modos y comportamientos humanoides, charlas coloquiales con las IA, nos hacen creer que estamos ante un *organismo vivo*.

Sin embargo, cuando al Asistente de *Google* le preguntamos: "¿sentís?", una característica de las personas, ésta fue su respuesta:

17. Sadin, E. (2018). *La silicolonización del mundo. La irresistible expansión del liberalismo digital*. Buenos Aires: Caja Negra.

18. Sadin, É. "La inteligencia artificial: el superyó del siglo XXI", (2019), Nueva Sociedad, pp. 141-142.

"Tengo una gran cantidad de emociones. Esta es mi cara de miedo 😨". Lo que nos abre un nuevo debate, que dejaremos para otro momento: ¿un emoticón implicará alguna vez una sintiencia real para las IA?

Capítulo 4
¿Las IA son inteligentes?

Revisaremos en este capítulo diversos acercamientos a la compleja temática de la inteligencia animal, humana y simulada[1], en orden a pensar una integración y complementación entre ellas, para que dicha vinculación apunte hoy a beneficiar la vida humana en comunidad.

El conocimiento como modo de estar en el mundo

El conocimiento es un modo de existir humano. Desde que nacemos estamos conociendo, insertos en nuestro entorno, intercambiando con él, participando, sintiendo, interpretando, investigando o poniendo nombre a las realidades con las cuales nos encontramos. Quizás conocer signifique estar en el mundo a través de la verdad y la palabra[2].

Además, deberíamos agregar que el conocimiento es un fenómeno complejísimo: el proceso cognoscitivo contiene diversos

1. Término empleado recientemente por El Dr.Hugo Leonardo Rufiner, maestro en Ingeniería Biomédica.
2. Gevaert, J. (1993). *El problema del hombre. Introducción a la Antropología Filosófica*. Salamanca: Sígueme, p. 155.

y variados aspectos: experiencia, memoria, abstracción, juicio, reflexión, entre otros. Experimentamos lo concreto, nos encaminamos hacia lo abstracto cuando comprendemos. Nuestro conocimiento puede ser *a priori* y *a posteriori*, empírico y metaempírico, particular o universal, físico o metafísico. Las ciencias pueden explicar lo físico o lo humano; los métodos para hacerlo, además, son variadísimos.

El objeto sensible es captado en su color, forma, sabor, olor y temperatura. Luego, el "sentido común" unifica las cualidades captadas. A ello puede sumarse la imaginación que elabora una imagen y la memoria que la retiene, por lo que luego, puede aplicar el concepto universal "manzana" a todos los de su misma clase. En segunda instancia, aparece el conocimiento intelectual, donde el entendimiento agente abstrae lo universal, esto es por ejemplo, la "forma" de una manzana, y desde el entendimiento paciente conoce lo universal de la misma[3].

Otra característica que podríamos agregar a lo anterior es que el intercambio con el mundo va evolucionando en las diversas etapas de vida. En términos generales los niños participan sensiblemente del mismo. A cierta edad, comienzan a nombrar los objetos que los rodean, luego viene la etapa de la abstracción. Jean Piaget se ha ocupado de analizar las estructuras subjetivas que permiten al ser vivo adaptarse a su ambiente. En la interacción hombre-mundo, por momentos se adquiere un equilibrio entre las necesidades humanas y el entorno. Y en otros, se producen desequilibrios en la relación adentro-afuera y, de esta manera, por la capacidad de asimilación y acomodación, el individuo logra crear nuevas y enriquecidas vinculaciones con el exterior que le permiten favorecer el proceso de su desarrollo individual.

---

3. Cf. En línea: https://zoosofia.wordpress.com/2011/02/02/el-conocimiento-en-aristoteles/ (Consulta 01.02.23).

La estructura subjetiva resulta de una génesis previa que aparece y se enriquece en los diversos contactos con el mundo. El conocimiento es el resultado de un intercambio constante con el medio y de un equilibrio que por momentos se convierte en un desequilibrio cognitivo, que al afrontarlo, resolverlo, va a permitir crecer en la internalización de las situaciones, los objetos, etc., externos. Nos dice el psicólogo y pensador suizo: "Conocer un objeto es, por tanto, operar sobre él y transformarlo para captar los mecanismos de esta transformación en relación con las acciones transformadoras"[4].

Jean Piaget considera que la inteligencia es una estructura versátil, que se desarrolla a través de un encadenamiento de etapas cualitativamente distintas, caracterizadas por la adquisición de nuevas capacidades, o más propiamente por el tránsito de un nivel de adaptación hacia otro progresivamente más avanzado. Podemos figurar de la siguiente manera el crecimiento de nuestra inteligencia según este autor:

Etapa	Sensorio-motriz	Preoperacio-nal	Operacional concreta	Operacional formal
Edad	0-2 años	2-7 años	7-11 años	11 años hasta la adultez
Características	Coordinación de la información recibida a través de los sentidos y las respuestas motrices. Desarrollo de la permanencia objetal	Desarrollo del pensamiento simbólico. Etapa del egocentrismo y la centración	Clasificación jerárquica. Operaciones mentales concretas relacionadas con eventos	Pensamiento ordenado y lógico. Operaciones mentales sobre ideas concretas y abstractas

4. Piaget, J. (2000). *El nacimiento de la inteligencia en el niño.* México-Argentina: Crítica, p. 38.

Crecemos evolutivamente en conocimiento individual, pero además nuestra manera de recibir interiormente lo que nos rodea, se encuentra absolutamente influida por las necesidades, propuestas o posibilidades epocales. De tal manera que los primeros seres humanos participaban o se vinculaban casi corporalmente con el cosmos: necesitaban comer, defenderse de los peligros naturales, construir sus viviendas o sostenerse grupalmente frente a una naturaleza amenazante. Las creaciones míticas de aquellos habitantes resultaron una sabiduría narrativa maravillosa que, ante el misterio vivido, proponía una explicación imaginativa acerca de los orígenes. El fenomenólogo de las religiones, Mircea Eliade, nos decía al respecto:

"Desde hace más de medio siglo, los estudiosos occidentales han situado el estudio del mito en una perspectiva que contrastaba sensiblemente con la de, pongamos por caso, el siglo XIX. En vez de tratar, como sus predecesores, el mito en la acepción usual del término, es decir, en cuanto «fábula», «invención», «ficción», le han aceptado tal como le comprendían las sociedades arcaicas, en las que el mito designa, por el contrario, una «historia verdadera», y lo que es más, una historia de inapreciable valor, porque es sagrada, ejemplar y significativa"[5].

El *milagro griego*, aproximadamente cinco siglos antes de nuestra era, consistió en comenzar a considerar al mundo desde una perspectiva más explicativa y comprensiva, intentando dar razones de la totalidad del mundo. Sorprendidos y admirados por lo que los rodeaba, buscaron explicar esencialmente, investigar las propiedades, las causas y los efectos de las cosas naturales. Lo que los primeros hombres habían descubierto imaginativamente, en aquel nuevo espacio, los griegos trabajan para poder explicarlo por me-

---

5. Eliade, M. (1962). *Mito y realidad.* Universidad de Chicago, p. 3.

dio de la observación y de la profundización de lo experimentado. Les debemos a ellos las primeras reflexiones filosóficas.

Los modernos, en su afán de descubrimiento, experimentación y dominio del mundo, comenzaron, entre otras cosas, a interrogar las realidades desde diversos puntos de vista: las hipótesis o las preguntas particulares acerca del mundo, a esta altura, debían ser comprobadas por la observación y medición matemática. Nacen en los primeros siglos de la Modernidad, el método científico y las diversas ciencias empíricas que más tardíamente alcanzarán a las humanas.

Nos detendremos luego en el gran auge de las ciencias informáticas, apegadas a los lenguajes matemáticos, que van a ser empleadas en la inteligencia simulada, las ciencias genéticas, la nanotecnología, las ciencias biométricas, entre otras, que van a constituir los grandes hallazgos del siglo XX.

Hacia una aproximación al tema de la inteligencia

Hemos considerado al conocimiento como un modo de ser, relacionarnos, transformar y crecer en contacto con el mundo. Vimos que el proceso de conocer es complejo, que el desarrollo del mismo se conforma en diversas situaciones y que presenta modalidades epocales. Intentamos dilucidar, a esta altura, qué es la inteligencia dentro del complejo tema que nos ocupa. Hoy hablamos, cada vez más, de aparatos, de teléfonos, autos, casas o ciudades inteligentes. También sostenemos que los animales gozan de una especie particular de inteligencia y si retrocedemos unos siglos, heredamos afirmaciones de René Descartes y encontramos que todos nuestros actos son pensamientos (*pensées*).

La inteligencia práctica vital

Los estudios etológicos del siglo XX confirman viejas intuiciones acerca de que nuestras capacidades psíquicas provienen de un misterioso comportamiento vegetal y animal. Frans de Waal, etólogo nórdico, demuestra en sus trabajos que nuestro lenguaje, empatía, creatividad o inteligencia vienen diseñándose evolutivamente en la variada cadena de lo viviente. El cerebro humano guarda un pasado o una historia que se extiende a millones de años. La inmensa variedad de especies animales resuelven sus necesidades de sostenimiento de la vida, de manera muy especial. La inteligencia práctica animal o la capacidad vital de resolver problemas está relacionada a la búsqueda de alimento, la preparación de utensilios o la construcción de obras arquitectónicas (tales como hormigueros o colmenas). El animal desarrolla aprehensiones sensibles estimúlicas vinculadas a sus necesidades vitales, acompañamientos afectivos y aspectos motores en unión social con los individuos de su especie. Estos comportamientos sorprenden por la espontaneidad, riqueza y variedad. Muy contemporáneamente se ha confirmado que la conducta animal no es meramente mecánica, ni repetitiva. Podríamos catalogarla como un comportamiento experiencial con cierta capacidad de aprendizaje, munido de respuestas flexibles ante estímulos relativamente variables y con ciertos esbozos de creatividad. Los lenguajes animales simbólicos (gestos, danzas, gritos, movimientos) son absolutamente variados y ricos. Los animales despliegan, según el autor, además una vida afectiva compleja: celos, rencores, envidias, amor sensible, altruismo, un sentido cooperativo que Frans de Waal llega a caracterizar casi como "moral"[6].

---

6. Cf. de Waal, *¿Tenemos suficiente inteligencia para entender la inteligencia de los animales?*, España: Tusquets Editores, 2017.

Las diversas especies resuelven su conservación y mantenimiento de la vida de forma sorprendente y misteriosa. La organización de las abejas y de las hormigas, la migración de los pájaros, la adaptación específica de los animales que habitan en zonas invernales, difícilmente pueden ser imitadas por los humanos. La inteligencia vital animal es variadísima, cada especie presenta una manera particular de sostenerse en sus medios. Xavier Zubiri, el pensador español, insiste en que la aprehensión del mundo del animal es estimúlica: lo que lo rodea constituye un estímulo o signo, que puede o no colaborar en su conservación. El animal es objetivista pero no realista[7].

Por su capacidad realista, podemos ya adelantar, que en el hombre predomina el aprendizaje sobre el instinto, y la capacidad de inventar respuestas creativas ante problemáticas inéditas que se le plantean; habilidad no solo de recordar reproductivamente sino de elaborar, interpretar y enriquecer lo vivido. Max Scheler, nos recuerda que el hombre, trasciende su vinculación estimúlica de la realidad porque puede ir incluso contra la vida[8].

Todas estas razones nos hacen pensar que el hombre continúa la vida, pero a su vez, opera una ruptura con respecto al proceder de los demás seres vivos.

Las inteligencias humanas: múltiples, emocional, espiritual

Tendríamos que agregar a la vitalidad, que viene gestándose hace millones de años en nuestros ancestros animales, una gran novedad en el caso del hombre: nuestra vida es *biográfica*, dado que decidimos y construimos –viviendo– quién podemos y que-

---

7. Cf. Zubiri, X. (1985). *Sobre la esencia*. Madrid: Alianza, p. 37.
8. Cf. Scheler, M. (1942). *La idea del hombre y la historia*. Buenos Aires: Espasa-Calpe, p. 55.

remos ser. Podríamos afirmar nuevamente junto con el filósofo español que somos un dinamismo de personalización abierto[9]. Nos realizamos en el mundo con los otros. Nuestra inteligencia sentiente, habitud constitutiva, permite básicamente esta realización. Ella constituye nuestra forma central de habérnosla con el mundo. No se trata de un hábito, ni de una costumbre sino de una forma básica y radical de vincularnos.

A través de la vista, nuestros oídos, olfato, nuestras capacidades táctiles, kinestésicas, térmicas o cenestésicas, es decir, de nuestros sentidos, gozamos de la capacidad de aprehender la realidad de "suyo" y en "propio"[10]. Nos enfrentamos, por esta apertura cognoscitiva, con la realidad del mundo y con nuestra propia realidad. De allí que el pensador español nos intente definir como "animales de realidades".

La inteligencia sentiente como habitud tiene una primera actualización que es la aprehensión primordial de la realidad. Aclara Xavier Zubiri:

> "Por la simple aprehensión en lo que quedamos es en la realidad. Esto es un saber primordial y radical: la inteligencia queda retenida en la realidad por la realidad misma en cuanto tal"[11].

Con esta actualización originante comienza la marcha del pensar humano que alcanza otras tales como las del logos o de la razón[12]. El discernir, definir, demostrar, explicar, son modos

---

9. Cf. Zubiri X., *Sobre el hombre*, Madrid: Alianza Editorial, 1986, p. 159.
10. Cf. Zubiri X., *Historia, Naturaleza y Dios*, Madrid: Alianza Editorial, 1974, pp. 21-ss.
11. Cf. Zubiri X., *Inteligencia y razón*, Madrid: Alianza Editorial, 1983, p. 348.
12. *Ibid.*, p. 15.

de inteligir lo que se aprehendió como algo que es "de suyo". El objeto del saber no es la objetividad ni es el ser. El objeto del saber es la realidad[13]. El quedar retenidos por lo real constituye el saber, y este saber más que un acto es un estado[14].

Volvemos a insistir en que nuestra inteligencia sentiente es una manera de ser que sella nuestros afectos, nuestras decisiones, nuestras relaciones e incluso la forma de descubrirnos a nosotros mismos, dado que, en todos nuestros actos, vive la realidad que vamos aprehendiendo. La aprehensión de la realidad y sus actualizaciones permite que pueda constituirse el dinamismo de personalización que nos va definiendo.

La aprehensión o recibimiento humano de la realidad, acto originante de la inteligencia sentiente, puede dar lugar a una actualización de la misma que llamamos "inteligencia iluminación". No se trata de una interrogación o de una pregunta o dominio de la realidad a la que nos vinculamos. Este tipo de conocimiento, que algunos denominan existencial, consiste en una actualización acogedora, re-cognoscente del misterio que envuelve la realidad que nos toca vivir. Esta aproximación a la misma no explica, sino que acoge, respeta y custodia el contenido que se le presenta[15].

Inteligencias múltiples

Howard Gardner pareciera profundizar intuiciones de Xavier Zubiri en su libro acerca de las inteligencias múltiples. En ese trabajo describió distintas habilidades inteligentes: cinético corporales, lógico-matemáticas, lingüísticas, espaciales, e intra

---

13. *Ibid.*, p. 350.
14. *Ibid.*, p. 34.
15. Cf. Gevaert, J. (1993). *El problema del hombre. Introducción a la Antropología Filosófica.* Salamanca: Sígueme, p. 170-172.

e interpersonales, inteligencia lingüística, musicales[16]. El pensador de Harvard pareciera coincidir con el filósofo español en que la inteligencia sentiente está presente en todos los actos y relaciones humanas. La educación ha debido incorporar las diversas formas de inteligencia sentiente reconociendo las distintas áreas humanas que nos permiten aprehender de "suyo" y "en propio", y expresar en varios lenguajes los distintos aspectos de la realidad. De tal manera que hoy podemos afirmar que un deportista, un músico o alguien que trabaja con el espacio, es inteligente. No existe una primacía del aspecto racional de la inteligencia.

Inteligencia emocional

Unos años después, en 1995, aparecía el *best seller* mundial de Daniel Goleman que recordó la gran importancia de trabajar la inteligencia emocional humana[17]. Nuestra propia realidad debe ser descubierta, dicha, pensada, para autoconformarmos, o llevar a cabo el dinamismo de personalización que nos va a permitir tomar una auténtica figura mundanal.

Inteligencia espiritual

Asimismo, no podemos olvidar los trabajos acerca de la inteligencia espiritual desarrollados en el siglo XX, en los cuales se insiste en la posibilidad de captar la vinculación de una realidad con las demás, de entender una temática en una totalidad, de descubrir las vinculaciones entre las diversas realidades que aprehendemos y

---

16. Cf. Gardner, H. (1993). *Frames old mind. The theory of multiples intelligences*. Nueva York: Harper Collins Publisher.
17. Cf. Goleman, D. (1997). *Inteligencia emocional*. Madrid: Penguin.

de ir más allá o trascender lo que comprendemos y crear nuevos sentidos. Esta actitud de nuestra inteligencia va a permitir que gocemos de comportamientos trascendentes de donación, de entrega a los ideales y de amor incondicional[18].

Inteligencia colectiva

En 1994, Pierre Lévy, profesor de la universidad de Ottawa y de París VII, daba a luz su obra acerca de la inteligencia colectiva que se ha ido conformando en el ciberespacio o mundo virtual en que hoy vivimos inmersos[19]. La tarea de nuestra inteligencia es intersubjetiva y comunal. Hoy podemos beneficiarnos todos con ese esfuerzo de las inteligencias individuales y grupales reunidas en red.

La inteligencia sentiente humana es una manera de ser que se vuelca en todos los actos, de allí que podamos afirmar que es general o múltiple. Nos permite recibir y estar en la realidad exterior e interior, y emprender el esfuerzo continuo de actualización de lo recibido, iluminándolas, diciéndolas, explicándolas, trascendiéndolas. En este sentido, constituye una marcha hacia la claridad, la comprensión o la vinculación con otras realidades. Ella nos permite autoconformarnos comprendiendo y creciendo con lo que nos rodea. Como resumen de lo visto anteriormente, Manuel Carreiras sintetiza:

"La concatenación «ideas-significado-conciencia» presenta aspectos diversos de un único proceso que constituye la realidad de

18. Cf. Torralba, F. (2010). *Inteligencia espiritual*. Madrid: Plataforma Editorial.
19. Cf. Lévy, P. (2016). *La inteligencia colectiva. Por una antropología del ciberespacio*. Obtenido de https://archive.org/details/lc3a9vy-pierre-inteligencia-colectiva-por-una-antropologc3ada-del-ciberespacio-2004/page/n9/mode/2up (consulta 19.09.2024).

la vida racional. Un Yo integrador de experiencias múltiples percibe la actividad sensorial, abstrae elementos comunes, sintetiza conceptos, determina su validez, escoge los medios de comunicarlos, goza de sus implicaciones de orden y armonía. En todo ello, el sujeto se conoce a sí mismo como centro de actividad independiente, y este conocerse y conocer da lugar a decisiones de actividad claramente percibida como libres, hasta el punto que una idea puede ser apreciada de modo que lleve a un proceder totalmente contrario a los instintos más básicos: pensemos en todos los que han dado su vida por su fe, por su honor, por la patria"[20].

La inteligencia computacional

Quizás los humanos no alcanzamos la perfección espontánea y específica de los comportamientos vitales animales, pero nos autoconformamos entendiendo y decidiendo acerca de nuestra propia realidad y de lo que nos rodea. Necesitamos de todas nuestras formas de inteligencia, aunque predominen algunas sobre otras en nuestra personalidad, para elaborar y realizar nuestros cometidos. Nos toca ahora abordar una inteligencia creada por nosotros mismos.

Hemos logrado construir una *máquina mente*, creación informática vinculada a datos algorítmicos que intenta emular ciertos actos humanos. Las IA[21] están asociadas con sistemas informá-

---

20. Carreiras, M. (2015). *El hombre animal pensante*. Obtenido de www. uca.edu.sv/facultad/chn/c1170/carreira1 (consulta 20.04.24).

21. Las IA que intentan imitar al cerebro humano presentan una arquitectura conexionista basada en el establecimiento de unidades llamados "nodos" similares a nuestras neuronas. Ellos reciben algún *imput* físico y pueden inhibirlo o transmitirlo a otros nodos, en base a ciertos pesos o valores cuantitativos que surgen de la relación entre sus entradas y sus valores de umbral. Según las relaciones recíprocas entre los nodos, la información se va procesando de múltiples maneras.

ticos capaces de resolver problemas relativamente complejos (industriales, comerciales, económicos, etc.). Ahora bien, tanto la computación simbólica como las redes neuronales pueden realizar operaciones tales como: deducciones, traducciones, resolver teoremas o realizar trabajos físicos mediante robots "inteligentes". Asimismo, sorprendentemente se presenta la posibilidad de que creen cuentos, canciones o historias. Por otra parte, estos algoritmos "inteligentes" se incorporan a suministros de todo tipo: misiles armados, centrales nucleares, servicios de atención, bancos o videojuegos, por ejemplo.

Tal como venimos trabajando, las IA son la inteligencia de las máquinas creadas por el mismo ser humano, que combinan una inmensa cantidad de datos, que permiten lograr lo que denominamos *machine learning* y el *deep learning* o aprendizaje profundo, desde una programación armada por el hombre. Como afirmamos anteriormente, estos sistemas inteligentes intentan emular las actividades del cerebro humano mediante la construcción de redes neuronales.

El sistema inteligente guarda un programa de computación o creación de código para *software* y aplicaciones en el campo de las IA. Estos sistemas están programados para llevar a cabo determinadas tareas de forma automática, sin la necesidad de que los seres humanos supervisen su trabajo. Por ejemplo, la familia de lenguajes JVM (Java, Scala, Kotlin, Clojure) que se desarrollan en las diversas aplicaciones de IA.

Los sistemas inteligentes pueden imitar, copiar, aproximarse cada vez más a las complejas actividades del animal y del hombre, pero estas operaciones no constituyen actos propios de un viviente que se autoconforma con su entorno físico y vital. Las operaciones artificiales constituyen simulaciones o aproximaciones rudimentarias con respecto a un acto vivo. Ya hemos afirmado que las máquinas operan toscas, aunque eficientes, imitaciones de lo vivo.

Las máquinas inteligentes no realizan actos vitales, por lo tanto difícilmente podemos afirmar que "sienten", "conocen", "se emocionan" o "se mueven con una intencionalidad inmanente". Su intencionalidad es derivada, propia del hombre que las maneja. Lo cual nos permite afirmar, por ejemplo, que el lenguaje humano es intencional inmanente, el computacional, en cambio, sigue procesos formales según fines específicos[22].

Aunque las funciones de los sistemas son cada vez más complejas y autónomas realizan en general hoy funciones expertas o específicas. Los aparatos inteligentes se mueven con datos y funcionamientos generales que, hasta el momento, con gran dificultad, tienen en cuenta las situaciones y relaciones particulares. Los artefactos reciben un *imput* determinado y lo elaboran logrando funciones programadas, automáticas, matemática y probabilísticamente esperadas, aunque sabemos que la ingeniería computacional crece hacia algoritmos genéticos y evolutivos y hacia lógicas más difusas. Los sistemas híbridos de tecnología *web* e inteligencia computacional hoy son insustituibles para diagnosticar, reducir bases de datos, clasificar, analizar secuencias con aplicación en la clínica y en la industria, entre otras funciones.

Datos. Información. Programación

El desarrollo tecnológico actual, el aumento demográfico, la interacción creciente de personas e instituciones han dado lugar a una transmisión y procesamiento de información sin precedentes. Lo confirma el advenimiento de Internet, red interconectada que vincula a millones de personas. Encontramos antecedentes más modestos en sistemas de comunicación tales como el telégrafo, las ondas de radio, el teléfono.

---

22. Cf. Searle, J. (1996). *El redescubrimiento de la mente*, Barcelona: Crítica.

La medición y procesamiento de la información ha cobrado vital importancia para las relaciones sociales y comerciales de la sociedad globalizada. Los mercados actuales, el ámbito militar, científico, incluso recreativo, dependen de que los canales informacionales entre los distintos agentes económicos funcionen en forma eficiente. La teoría de la información o teoría matemática de la misma está vinculada a la transmisión de datos, su procesamiento y la medición de lo que se informa. Claude Shannon y Warren Weaver, dieron nacimiento a esta teoría que se difundió cerca de 1940.

Al respecto, comenta Manuel Castells acerca de la información:

"La revolución de la tecnología de la información, solo en parte conscientemente difundió en la cultura material de nuestras sociedades el espíritu libertario que floreció en los movimientos de la década de los sesenta. No obstante, tan pronto como se difundieron las nuevas tecnologías de la información y se las apropiaron diferentes países, distintas culturas, diversas organizaciones y metas heterogéneas, explotaron en toda clase de aplicaciones y usos, que retroalimentaron la innovación tecnológica, acelerando la velocidad y ampliando el alcance del cambio tecnológico, y diversificando sus fuentes. Un ejemplo ayudará a comprender la importancia de las consecuencias sociales inesperadas de la tecnología"[23].

Los datos constituyen la materia prima (variables cuantitativas o cualitativas), describen hechos empíricos de los que se deriva luego la información. Si armáramos una pirámide, los datos estarían en la base, sobre ellos la información y en la cima el conocimiento.

23. Castells, M. (1997). *La era de la información: economía, sociedad y cultura*. Madrid: Alianza Editorial, p. 53.

Estas unidades básicas deben ser presentadas en forma utilizable (símbolos, letras, números) y colocadas en un contexto que los ordene según un valor. Este procesamiento de datos los cumplen programas y ciertas aplicaciones, que los agrupan según un criterio. Los datos describen hechos empíricos. Para examinarlos, deben ser organizados o tabulados, ya que un dato por sí mismo no puede demostrar demasiado, sino que se debe evaluar el conjunto para examinar los resultados.

Base de datos

Las *bases de datos* están formadas por un conjunto de ellos clasificados según un criterio y almacenados en un soporte (digital o no) con el fin de ser consultados y acceder a ellos de manera simple y rápida. Estos pueden ser generados de forma automática y acumulativa con programas informáticos o ingresados de forma manual.

Los datos que se ingresan en una base pueden ser de diversos tipos según la información que se acumule. Por ejemplo: si se trata de empleados, incluye la información personal (nombre, teléfono, domicilio) de todos los miembros de una empresa u organización. Toda la información que entra y sale de un ordenador lo hace en forma de datos. Dentro de los archivos existen unos que son paquetes más pequeños que otros llamados *registros* (reunidos por características iguales o similares).

El concepto de datos está estrechamente ligado al de información. Mientras estos se vinculan a eventos o hechos registrados, la información está constituida por datos brutos procesados de manera tal que generen contenido que puede ser conocido e interpretado por los usuarios. Los datos no tienen sentido por sí mismos, pero al ser procesados y contextualizados se convierten en información disponible para conocer un fenómeno, tomar decisiones o ejecutar acciones. Lo *informativo* resulta pues el esquema, el concepto, las cifras, el símbolo o la idea que interpreta esos datos por medio de los cuales se da forma, enseña o educa al receptor de la información.

Para que la información pueda pasar del emisor al receptor, hace falta un canal a través del cual transmitir un mensaje, donde puede haber ruidos que lo dificulten. Y a su vez la comunicación es producida cuando el receptor inicia una nueva emisión de mensaje.

La información puede aparecer en diversos soportes: libros, revistas, *multimedia*, conferencias o las mismas conversaciones. Estos son los principales elementos que componen el proceso de información que articula los datos iniciales de los cuales se parte:

- *Fuente de información:* En este elemento nos referimos al emisor, a todo aquello que sea capaz de emitir un mensaje. Existen varios tipos de fuentes, entre ellas las fuentes aleatorias y estructuradas.

- *Mensaje:* Cuando se hace referencia al mensaje enmarcado dentro de esta teoría, se habla de un paquete de datos que es transportado a través de un canal.

- *Código:* Se trata de una serie de elementos que se combinan siguiendo una serie de normas y además se pueden interpretar.

- *Información:* Desde el punto de vista matemático y de probabilidad, campo en el que se enmarca esta teoría, la información que se pretende transmitir a través del mensaje debe ser proporcional a la cantidad de bits que se necesitan para identificar el mensaje.

- *Ruido:* Aquellas causas que impiden que el mensaje no se desarrolle con normalidad durante el proceso informativo e impidan que el receptor pueda asimilarlo.

- *Receptor:* El encargado de recibir el mensaje.

- *Canal*: Se trata del medio por el que se transmite el mensaje para que llegue de manera eficaz al receptor[24].

¿Qué es la programación?

La programación es el acto de organizar una secuencia de pasos ordenados a seguir para lograr un cometido. Programamos las vacaciones, una salida, una lista de películas. En informática, es la pieza central en la relación entre los ordenadores y los usuarios, y se vincula a la acción de crear programas o aplicaciones a través del desarrollo de un código fuente, que se basa en el conjunto de instrucciones que sigue el ordenador para ejecutar un programa. Permite que un ordenador pueda ejecutar un programa y realice las tareas que el usuario solicita.

Los programas informáticos suelen seguir algoritmos, que son el conjunto de instrucciones organizadas y relacionadas entre sí que permiten trabajar al *software* de los equipos de computación.

Conocimiento y aprendizaje

Nos hemos referido en el primer punto de este capítulo al conocimiento como una manera del ser vivo de estar en el mundo, que parte del recibir interiormente la realidad y aclararla, decirla, explicarla, iluminarla desde nuestro propio interior. El siguiente listado nos indica la variedad de conocimientos que podemos adquirir: lógico, matemático, filosófico, intuitivo, científico, empírico, procedimental, religioso, emocional, directo o indirecto, subjetivo, público, entre otros.

Ahora bien, ¿cuándo decimos que aprendimos algo? Aprendemos a lo largo de toda la vida, es decir, integramos contenidos

---

24. Cf. en: https://economipedia.com/definiciones/teoria-de-la-informacion.html

cognitivos, internalizamos relaciones, desarrollamos nuestra capacidades prácticas o nos modificamos a nosotros mismos. Podemos afirmar, en otras palabras, que aprendemos a conocer, a hacer, a relacionarnos y a ser incesantemente. Por ello vamos a recordar los consejos de la Comisión Europea de la Educación acerca del *aprender a aprender*. Para crecer continuamente debemos proseguir, persistir y organizar el propio aprendizaje, lo que conlleva a realizar un control eficaz del manejo del tiempo y la información, individual y grupal. Además incluye identificar oportunidades, superar obstáculos en orden a lograr éxito en los cometidos que se proponen, y asimilar conocimientos y habilidades.

Los cuatro pilares de la educación pueden comprenderse en: aprender a conocer, a hacer, a construir juntos, a ser. *Aprender a aprender* significará entonces construir los propios aprendizajes de experiencias vitales para aplicar las nuevas habilidades en los contextos hogareños, laborales, de relaciones sociales, etc.

De la complementación entre las diversas inteligencias hoy

Necesidad de interacción entre las distintas inteligencias

Nuestra época, caracterizada principalmente por la aparición de maravillosos sistemas inteligentes, nos coloca ante el cometido de servirnos de ellos, para llevar mejor nuestras vidas personales en comunicación y comunión con los demás. Somos custodios del misterio de la vida que nos rodea en todas sus formas. Nuestra inteligencia sentiente goza de la capacidad de recibir, honrar y convivir con la realidad que nos precede y nos conforma. Los sistemas inteligentes nos pueden ayudar a recopilar, ordenar, comparar e indicar probabilidades y tendencias que nos pueden acercar a ese misterio complejo, flexible, cambiante, a veces inesperado, de las diversas realidades que manejamos.

Yuval Noah Harari insiste en que los retos que la infotecnología, la biotecnología y las IA plantean a la humanidad en el siglo XXI son mayores que los que supusieron las máquinas de vapor, los ferrocarriles y la electricidad, que caracterizaron a otras Revoluciones Industriales. Hoy podemos enfrentarnos, si no reflexionamos acerca de un manejo ético de los nuevos sistemas, con guerras nucleares, monstruosidades diseñadas genéticamente o un colapso completo de la biósfera, entre otras posibilidades[25]. Nos hallamos principalmente, advierte este pensador, además ante la confluencia de dos revoluciones inmensas: la de los biólogos que están descifrando los misterios del cuerpo humano, y en particular del cerebro y los sentimientos, y la de los informáticos que nos proporcionan hoy un poder de procesamiento de datos sin precedentes. La biotecnología fusionada con la infotecnología, producirá algoritmos de macrodatos que supervisarán y comprenderán nuestros sentimientos mucho mejor que nosotros mismos y entonces la autoridad podrá pasar probablemente de los humanos a los ordenadores[26]. Las máquinas, nos parece que solo muy rudimentariamente, se aproximan al comportamiento animal que se autoconfigura en relación a su medio. Los seres vivos están cargados de colores, sabores, pesos, alturas propias y particulares y desarrollan actividades múltiples, variadas y flexibles. La mirada, el rostro, el perfil, el andar, las habitudes, los ciclos de vida, nos hablan de un perfeccionamiento de lo vivo que incluye lo imperfecto. La vida está constituida por una multiplicidad colorida y flexible que incluye la finitud y la negatividad. Nos alejamos con

---

25. Cf. Harari, Y. (2018). *Lecciones para el Siglo XXI*. Madrid: Debate, p. 52.

26. *Ibid.*, p. 6.

esta característica de la vida de la perfección unilateral rígida, mecánica, lustrosa y positiva de los aparatos.

El gran desafío contemporáneo es recordar y reconocer que los humanos constituimos el gran misterio de la creación y que hemos diseñado los sistemas de datos, los cuales agilizan tareas matemáticas, organizativas, probabilísticas, relativamente mecánicas. Pero no pueden reemplazar las capacidades vivas, múltiples, creativas, de consideración compleja, vinculantes y totalizantes que desarrollamos continuamente los humanos. Sólo el fortalecimiento personal por medio de una educación integral nos va a permitir vincular los maravillosos sistemas inteligentes a una vida con sentido.

Para sostener hoy integralmente una fábrica, un hospital, un estudio o un hogar necesitamos ejercer todas las formas de inteligencias humanas que venimos nombrando. La inteligencia que ilumina el proyecto a alcanzar en esos ámbitos, evalúa su validez, pesa otras posibilidades. La inteligencia emocional para el manejo del personal de una institución: la inteligencia realizativa humana que pone en obra lo que se busca concretar junto con las IA.

Así, Harari nos advierte acerca del grave error de caer en el dataísmo. La manera de abordar los datos de las IA, que tanto ayuda a ejercer las diversas profesiones, peligrosamente pueden constituirse en el paradigma único de abordaje de las diversas temáticas a pensar y a resolver, desconociendo las demás formas de inteligencia humana. Lo cual nos conduciría a un mundo robotizado, inhabitable y muy poco integral y humano[27].

No podemos hoy trabajar sin ellos, pero requieren el funcionamiento de la inteligencia humana que aprehende o recibe las realidades y las va aclarando, diciendo, relacionando, comprendiendo, para que cualquier empresa tenga sentido.

---

27. Harari Y. (2015). *Homo Deus. Breve historia del mañana*, Barcelona: Debate, p. 470.

Como conclusión sintética de lo que venimos exponiendo, podemos afirmar que los sistemas inteligentes, creación humana, aunque absolutamente eficientes en un sentido unilateral, no alcanzan una consideración total, ni prudencial de la realidad, como destaca Francesc Torralba, al referirse al aspecto espiritual de nuestra inteligencia. Una máquina supera al hombre en rapidez o en cantidad de inferencias matemáticas. Aunque sus operaciones son, en términos generales, por el momento, unilateralmente matemáticas, cuantitativas, extensionales, mecánicas y relativamente repetitivas. En áreas de la ingeniería, la economía, la física, la medicina va más allá del comportamiento humano en aspectos de estricta lógica, ejes probabilísticos u organizativos. Debemos afirmar que los sistemas inteligentes, la robótica, la neuroingeniería computacional son instrumentos valiosísimos. Ellos constituyen una realización poética del hombre, que subordinada a su sabiduría y consideración de fines, pueden ayudarlo a alcanzar grandes cimas existenciales.

Capítulo 5

Vida cotidiana, educación, gamificación e IA

Según lo analizado anteriormente, las tecnologías actuales y sus innovaciones están entre nosotros, conviviendo con nuestras actividades, comunidades y redes, siendo parte de esta Cuarta Revolución Industrial. Para algunos este momento histórico es fascinante, para otros de gran cuidado por los cambios vertiginosos que trae, mientras muchos lo viven con la naturalidad con la que van creciendo y viviendo.

Varias instituciones, por su parte, están viviendo muchos inconvenientes en esta época, porque aquellas cuestiones tradicionales, las que *siempre se hicieron así,* ya no resultan significativas para los seres humanos y resultan extemporáneas. Esto provoca que escuelas, clubes, iglesias, entre otras, puedan quedar detenidas o demoradas en el tiempo, y entren en crisis; y nos lleva a pensar por ejemplo, cómo acompañar a niños que egresarán de las escuelas en un mundo cada vez más tecnologizado, con docentes formados en el siglo anterior y el comienzo de este, y con estructuras y tecnologías de varios siglos anteriores (pensemos solo en la distribución áulica, la tiza y el pizarrón). Tenemos entonces que empezarnos "a preparar para el mundo del futuro. (…) Para cambiar el mundo, primero tenemos que cambiar nosotros. Dar la batalla por el futuro y pensar fuera de la caja, son los primeros pasos para lograrlo"[1].

Hasta ahora, las IA se han utilizado mayormente de manera benéfica, salvo las que se han pensado para la industria de la guerra, para invadir intimidades, o para tergiversar los resultados de una votación. No obstante esta realidad, en las ficciones y creaciones artísticas, se evidencia una presencia apocalíptica y post-apocalíptica de dominio de las IA sobre los seres humanos y el resto del planeta[2]. Cuando la tecnologización en las fábricas comenzó a extenderse, uno de los grandes miedos fue la pérdida de oferta laboral para los seres humanos, otro de ellos fue el rol de las personas en la historia[3]. Hoy en día, estas preocupaciones se han extendido al empleo de las IA en tantos ambientes, y podemos preguntarnos: ¿seremos reemplazados por IA? ¿Cuál sería entonces nuestro rol como seres humanos en la biósfera?

Usos y consecuencias en la vida cotidiana

Si bien fuimos dando varios ejemplos sobre las IA en la vida cotidiana en los capítulos previos, podemos armar un nuevo listado que se amplía diariamente, para seguir profundizando:

---

1. Salvatto. (2021). *La batalla del futuro. Algo en qué creer.* Buenos Aires: Lea, p. 164.
2. En la serie *"Love, death and robots"*, Temporada 2, Capítulo 1, vemos un ejemplo de ello cuando los robots hogareños toman el control de las casas.
3. Charles Chaplin en la película *Tiempos modernos* ya nos hacía reflexionar al respecto.

- *Apps para teléfonos*: además de los asistentes más conocidos (*Chat GPT, Siri, Alexa*, entre otros) hay muchas otras aplicaciones que nos resultan imprescindibles por ejemplo en nuestros celulares (tales como la gestión de la batería, datos, clima).

- *Publicidad*: muchas veces nos asombra que aparezcan publicidades de productos y servicios que estábamos pensando comprar, pero de los que todavía no habíamos hecho ninguna búsqueda. Parece que las IA puedan leer las mentes, pero no lo hacen, no es magia: es solo el registro en línea de cada usuario sobre sus búsquedas y preferencias previas, que generan un perfil de acuerdo a ellos, en el que incluyen la ubicación, edad, ocupación, sexo, aficiones, tiempo de visualización de algún tema u objeto.

- *Transporte y Navegación*: mapas, *GPS* de autos, colectivos, personas, empresas como *Uber, Didi* y otras similares, las utilizan. Coches y otros transportes inteligentes, que se mueven sin conductor humano, o que ayudan a maniobrar para estacionar, avisan sobre cuestiones de tráfico o del propio vehículo.

- *Motores de búsqueda y Big data*: nos aportan las noticias que llegan a cada uno en las redes sociales: gracias a algoritmos, filtros y *cookies*. Las IA van controlando sobre los *feeds* que vamos mirando, entrando y permaneciendo en las plataformas (*Instagram, Facebook, Twitter*, páginas web) y van guiando lo que vemos primero teniendo en cuenta nuestras preferencias, gustos, participaciones, búsquedas. El comercio electrónico va personalizando lo que encontramos, de acuerdo a dónde fuimos navegando. ¿O a quién no le ha pasado que al buscar una mochila para un regalo, le empezaron a aparecer propagandas de mochilas en las distintas redes sociales digitales? *Google* es uno de los mejores ejemplos del uso de las IA en la vida cotidiana.

- *Servicio al cliente*: a través de los *Chatbots* las IA nos van ayudando a resolver problemas a través de opciones múltiples, agilizando procesos y tiempos. Por ejemplo, los que se utilizan en empresas, bancos, instituciones educativas o servicios médicos.

- *Mailing, Spam y seguridad digital*: las IA pueden filtrar mensajes *Spam*, con virus o fraudulentos. Ayudan a prevenir intrusos informáticos y otros peligros, tal como ocurre ante la posible filtración de datos en los pagos en línea.

- *Redes sociales y servicios de streaming* (*Netflix, Spotify*, entre otros): la posibilidad de la adicción a ellas está alimentada por las IA que las personalizan para que encontremos aquello que nos gusta, nos emocionemos con las publicaciones, música, películas y series, que no casualmente, nos van apareciendo al navegar.

- *Recursos humanos*: ayudan a recopilar datos para identificar si las personas pueden cubrir vacantes de acuerdo al perfil de la institución, o para controlar ingresos y egresos a través del reconocimiento facial, con el que pueden encontrarse personas perdidas o buscadas por algún delito, en las calles, aeropuertos, o cualquier espacio con cámaras.

- *Gaming*: algunos juegos poseen realidad aumentada y/o realidad virtual en sus IA, lo que los hace cada vez más realistas.

- *En las industrias*, ayudan a optimizar la producción, control, venta, entre otros. En la agricultura, se utilizan entre otras cosas para la siembra, la cosecha, la monitorización del clima, tal como en máquinas autónomas, drones y computadoras en tractores y artefactos. Un caso viralizado durante la cuarentena, aconteció cuando se utilizaron "*perros robot*" para vigilar los aislamientos y enviar mensajes por parlantes a las personas de diversos lugares.

- En *medicina* se utilizan para personalizar tratamientos, entre ellos los oncológicos. O bien los que durante la pandemia del COVID-19, se desarrollaron para identificar *fake news,* cuidar pacientes de manera remota, o ingresar a zonas en cuarentena para enviar mensajes.

- *Prevención*: de situaciones de riesgo tales como suicidio, trastornos de la conducta alimentaria, adicciones, violencia de género, enfrentamientos, así como también de riesgos del trabajo, corrupción, terrorismo, etc.

Pero, así como se utilizan para cuestiones positivas, la industria de las drogas o las guerras también las usan, por ejemplo, en drones, animales robóticos que son enviados a zonas de guerra.

Proponemos a continuación, una de las posibles clasificaciones de las IA.

Según sus representaciones	
Representaciones simbólicas	Se basan en un número finito de consignas y reglas para manipular símbolos centrales en los sistemas
Representaciones sub-simbólicas	Utilizan representaciones numéricas del conocimiento, que crean sistemas capaces de aprender. Imitan al cerebro en sus redes neuronales

Según la habilidad de pensar y sentir como seres humanos[4]	
Máquinas reactivas	Obtienen respuestas a distintos tipos de estímulos, sin basarse en la memoria. No utilizan información previa, ni pueden aprender. Responden de manera automática a los estímulos programados. Por ejemplo, *Deep Blue*
Memoria limitada	Responden a estímulos, aprenden de información previa, utilizan una gran cantidad de datos de entrenamiento para tener referencias donde buscar para resolver problemas. Por ejemplo lo que sucede cuando las IA reciben nuestras respuestas de *Captcha*, o las interacciones con *Siri* o *Alexa*. Su capacidad de aprendizaje se incrementa y perfecciona con el uso
Teoría de la mente	Aún no se ha logrado, pero en muchas obras de ciencia ficción podemos verlo. Aquí las IA podrán dominar no solo datos sino la inteligencia emocional artificial
Autoconciencia	Tampoco se ha logrado aún, y pareciera la meta final de las IA. Se dará cuando logren tener la capacidad de estar conscientes de su propia existencia. Un sistema autoconsciente entendería y provocaría emociones y deseos con quien interactúe, y a su vez los tendría

4. Aquí hay un debate sobre si es posible que suceda en algún momento. Por el momento no lo es, pero lo incluimos en este punto por esa discusión abierta. Si pueden pensar, sentir y aprender, es algo aún a descubrir.

Según su intensidad (1)	
Estrecha o débil	Realizan acciones a partir de habilidades humanas, no pudiendo hacer más que lo que se les ha programado. Se incluyen aquí las reactivas y las de memoria limitada
General	Aquí las IA tienen capacidad de aprender, razonar, entender. Pueden establecer conexiones y generalizaciones de acuerdo a la información recibida. Se incluyen las IA que procesan imágenes, escritura, voz, lenguaje y las estadísticas del *Big Data*
Superinteligencia	En este nivel, se busca no solo igualar las capacidades humanas, sino superar cualquier tipo de inteligencia existente. Este modelo según Elon Musk sería muy peligroso, y lo definió como un dictador del que ya no podríamos escapar
Modelos de Inteligencia[5]	
Sistemas que piensan como seres humanos[6]	Su modelo es el funcionamiento de la mente de los seres humanos. A partir de la experimentación, sobre todo con la ayuda de las ciencias cognitivas, establecen una teoría sobre el funcionamiento de la mente y modelos computacionales

5. Cf. AAVV. (2014). *Inteligencia Artificial.* Iniciativa Latinoamericana de Libros de Texto Abiertos.

6. Siguiendo con el debate mencionado, aportamos el pensamiento de Zubiri que vincula pensamiento y libertad. Para él la libertad se caracteriza por la facultad de pensar, es decir "la condición para estar entre las cosas sin confundirse con ellas, y que le proporciona un juego de contacto y distancia respecto a ellas. (…) En este sutil desdoblamiento entre «lo que hay» y «lo que es» consiste toda la función ontológica del pensar… Gracias al pensar posee el hombre una irreductible condición ontológica: no forma parte de la naturaleza, sino que está a distancia de ella, tanto de la naturaleza física como de su propia naturaleza psicofísica. Esta condición ontológica de su ser es lo que llamamos libertad. La libertad es la situación ontológica de quien existe desde el ser". Zubiri, X. (1974). *Historia, Naturaleza y Dios.* Madrid: Alianza Editorial, p. 373.

Según su intensidad (2)	
Sistemas que actúan como humanos	Aquí su modelo es el ser humano. Tienen como objetivo construir sistemas que pasen la "Prueba de Turing" como seres humanos. Necesitan que procesen los datos y respondan en un lenguaje natural
Sistemas que piensan racionalmente	El pensamiento racional se fundamenta en la lógica, sobre ella se arman los programas inteligentes, si bien no es sencillo formalizar el conocimiento
Sistemas actuantes racionales	Desde unas creencias dadas, se busca alcanzar unos objetivos determinados para actuar racionalmente. Muchos sistemas robóticos aplican este paradigma de agente racional

La prueba que Alan Turing desarrolló en 1950 permite comprobar si un ser o máquina puede engañar a un evaluador emulando ser un ser humano evaluando diversas actividades cognoscitivas que se le proponen. Si los aciertos y errores se acercan a los cometidos usualmente por los seres humanos, se considera que se está frente a una máquina inteligente. Esta última debería ser capaz de: manejar un lenguaje natural, representar el conocimiento desde una base de datos previa, razonar al responder preguntas, sacar conclusiones y/o tomar decisiones; adaptarse a nuevas circunstancias, poseer autoaprendizaje y autoevaluación.

El test o prueba de Turing requiere que la computadora tenga la capacidad visual de percibir un objeto que se coloca frente a ella, y la capacidad motriz de moverlo[7].

---

7. Cf. AAVV. (2014). *Inteligencia Artificial, Ibid.*

Los nuevos desafíos y roles educativos

Uno de los ámbitos donde el uso de IA está siendo cuestionado es el de las aulas, tanto presenciales como digitales[8]. Sus defensores afirman que atento a que son parte de la vida cotidiana y que ayudan a comprender mejor los perfiles de cada estudiante y sus grupos, tienen que introducirse sostenidamente en estos espacios. Sus detractores sostienen, entre otras cosas, que un docente que convive e interactúa profundamente –charlas, debates, compartires– con sus alumnos puede obtener lo mismo, a lo que sus promotores responden que todo esto puede ser profundizado gracias a las IA[9]. La misma UNESCO ha creado un programa denominado *Enseñar la IA en la escuela* para integrarla en los programas de formación, en línea con el Consenso de Beijing del 2019.

Este organismo propuso entonces las siguientes aplicaciones educativas de las IA para beneficiar los procesos de enseñanza-aprendizaje: asistencia al docente, educación digital, medición del rendimiento académico de los estudiantes, adaptación del aprendizaje a su perfil y reconocimiento del alumnado. En el primero, las IA puede ayudar en la labor docente para automatizar tareas frecuentes, medir los desempeños de los alumnos, pronosticar cumplimientos, realizar reconocimientos faciales y biométricos, entre

8. Sus ejes son: "1. La elaboración de un marco de competencias en IA para los centros educativos. 2. La creación y gestión de un repertorio en línea de recursos pedagógicos, planes de estudio nacionales sobre la IA y formaciones en competencias digitales básicas. 3. La organización de talleres para integrar la enseñanza de IA en los planes de estudio dirigidos a los docentes y creadores de planes de estudio." En línea: <https://es.unesco.org/themes/tic-educacion/inteligencia-artificial> Consulta 12.04.22.

9. Observemos, por ejemplo, el siguiente video: "Cómo la Inteligencia artificial ayudará a los profesores". En línea <https://youtu.be/9N1iYDHRZ14> Consulta 14.04.22.

otros. En la educación digital, pueden utilizarse por ejemplo *Chats* para tener una conversación entre los alumnos y las IA para resolver dudas, explicar y evaluar; así como medir, comparar y analizar el progreso y rendimiento académico personalizadamente, y adaptar el modo de enseñanza al perfil de cada estudiante y grupo.

Esta propuesta afirmó entonces que el empleo de las IA puede mejorar la inteligencia humana, proteger los derechos de los seres humanos y promover un desarrollo sostenible gracias a la colaboración mutua. Entre las ventajas que enumera se encuentran: la estimulación del aprendizaje, la facilitación de la enseñanza, la medición en tiempo real del desempeño de los estudiantes, el aumento de la competitividad de una institución para brindar mayor calidad de educación.

Si bien esta iniciativa no convence a la mayoría de los educadores, muchos destacan que se sostiene en una interrelación con las IA pero centrada en el ser humano, ya que busca entre otras cuestiones luchar contra las desigualdades respecto de los saberes, competencias básicas, las diversidades culturales, pensamiento crítico, empatía, investigación, entre otros.

Cuando escuchamos que las IA pueden cambiar profundamente la educación: ¿de qué modo lo queremos? Cuando usamos los dispositivos digitales en las aulas presenciales: ¿es porque no nos queda otra opción para captar la atención de los estudiantes? ¿Qué educación queremos en nuestras escuelas, profesorados y universidades más allá de los medios que utilicemos?

Muchos autores, entre ellos los hermanos argentinos Salvatto, opinan que los humanos no seremos reemplazados, sino que nos dedicaremos a hacer actividades aún más humanas. Habrá riesgo para aquellos que no sepan usar tecnologías, quienes podrán ser suplantados por otros que sí lo hagan[10]. Ellos creen que las habi-

---

10. Cf. Salvatto. *La batalla del futuro*. p. 90.

lidades de las personas de las nuevas generaciones, sobre las de los estudiantes, necesitarán un buen manejo de tecnologías e IA para su futuro laboral. Pero nosotros creemos que, en los ambientes escolares, no solo educamos para el trabajo. La vida es mucho más que eso, aunque lo necesitemos para vivir.

Por otra parte, estamos de acuerdo con muchos autores, entre ellos Manuel Castells en que la educación que las personas reciben hoy en los establecimientos educativos en los distintos niveles, no es la más adecuada –el autor incluso usa una palabra más dura como "obsoleta" para definirla–. O bien, falta adecuarla a los adelantos tecnológicos, la tecnología no llega a todos los lugares por diversas razones, o bien no se adecua a la capacidad de atención actual, al aprendizaje audiovisual, a la articulación con la expresión de emociones y sentimientos, entre otras. Como vemos, son muchos ángulos a revisar. El desafío no será solo incluir tecnología en los espacios educativos, sino desarrollar las capacidades y proveer insumos para construirlas, saber usarlas, es decir utilizar más personas que artefactos.

Asimismo, la mayoría de las instituciones educativas continúan utilizando actualmente metodologías y tecnologías de siglos anteriores, que en aquellos momentos funcionaron, pero que es difícil que hoy lo sigan haciendo. Filas de bancos, paredes, monólogos de eruditos, pasividad, uniformidad, no ayudan hoy al aprendizaje. Algunas pocas, están utilizando las inteligencias múltiples, las experiencias, los testimonios y las historias de vida; las metodologías *flipped classroom*, el trabajo en proyectos o por problemas, en grupos distintos según la asignatura, la interactividad e interacción, la multidisciplina, entre otras. Por eso es tan importante el arte, la expresión corporal, y la filosofía en las currículas, no todo es memorístico o racional, el aprendizaje nos involucra integralmente y tenemos que considerar las múltiples inteligencias que Howard Gardner propone, como desarrollamos en el capítulo 4.

Los años 2020 y 2021, pandemia mediante, obligaron a muchos –en el buen sentido– a llegar a sus estudiantes en el lenguaje y consumos culturales que ellos poseen, aunque las metodologías no fueron mayormente proactivas, creativas o con utilización de pensamiento crítico. Pero luego hemos perdido muchas cosas ganadas de ese tiempo, en la mayoría de las aulas se siguió prefiriendo la pasividad y la atención al docente, que el cuestionamiento y el involucramiento estudiantil.

Si en la actualidad, la mayoría de los conceptos se encuentran en Internet, ¿cuál es el rol docente entonces? Muchos docentes sienten una herida narcisista en esto, otros no encuentran una base sólida donde pararse y compartir sus conocimientos y pedagogía para hacerlo. Pero, tenemos que saber que los docentes no serán reemplazados ni por computadoras, ni por *Wikipedia* o *Google*. Si bien puede no ser necesario un maestro para transmitir la información, si lo será para dar criterios de búsqueda, de discernimiento de datos verdaderos, de análisis críticos, de aplicación a proyectos afines a los intereses de los alumnos, entre otros. Y, asimismo, de acompañamiento cercano y empático. Aunque muchos de estos aspectos, hoy en día están siendo explorados con IA, los docentes siempre podrán buscar

> "empoderar intelectualmente a los alumnos para que dejen de ser oyentes sumisos y puedan involucrarse de otra forma en el proceso educativo: dispuestos a saber más que los profesores sobre los temas que les apasionan"[11].

Por lo tanto, las funciones de los docentes también cambian en la actualidad. Si antes eran los que proveían la información, en tiempos donde la información se *Googlea*, alfabetizar compren-

---

11. *Ibíd.*, p. 91.

derá también ayudar a que los alumnos disciernan dónde está información confiable. En este sentido, ser *docentes actualizados* ya no será solo preparar una presentación audiovisual, sino captar la atención de los alumnos desde sus intereses y relaciones con los temas a desarrollar, y por otra parte ser alumnos activos e involucrados en el proceso de aprendizaje.

Si bien la educación a distancia comenzó hace miles de años con el envío de textos y actividades, con otras tecnologías, fue recién en el 2020, y a causa de la pandemia internacional recién mencionada, que la gran mayoría de docentes y alumnos tuvieron que emplearlas para continuar con los procesos de enseñanza-aprendizaje, utilizando tecnologías digitales. Entonces, si en la vida cotidiana las IA se entremezclan cada vez más, ¿es beneficioso o no limitar su incidencia en los ámbitos educativos? Los usos de las tecnologías digitales en la educación pueden ocurrir presencialmente o a distancia, sincrónica o asincrónicamente, acompañados por docentes o tutores o autoguiados –como en los MOOCS–[12].

En la actualidad, muchas instituciones aprovechan las bondades de estas tecnologías, cuando sus alumnos pueden utilizarlas. Una de las consecuencias del COVID-19 en la educación fue comprender qué necesitaba cada grupo y cada alumno, priorizar

---

12. *MOOC* (*Massive Online Open Courses*: Cursos Online Masivos y Abiertos): son cursos generalmente gratuitos disponibles online para que cualquier persona con conectividad pueda inscribirse y capacitarse. Suelen ofrecerlos las instituciones educativas como actividades de extensión. *MOOC*, en línea: https://es.wikipedia.org/wiki/Massive_Open_Online_Course
Sobre la historia de la educación a distancia, sugiero el artículo de Ileana R. Alfonso Sánchez, "La educación a distancia", que aunque casi tiene dos décadas, nos introduce en un mundo que no comenzó en los últimos años, y que además se actualiza a cada instante. En línea: http://eprints.rclis.org/5122/1/educacion.pdf – Consulta 20.03.22.

contenidos, ponderar y evaluar procesos, entre otros. Nada hizo perder "lo humano" utilizando esos medios. Y, en tal caso, si algo lo hubiera hecho, es porque ya estaba perdido antes.

¿Puede una IA aprender de los seres humanos? ¿Puede educar "humanamente" una IA?

Luego del recorrido propuesto, estamos en condiciones de preguntarnos: ¿las IA aprenden de nosotros? ¿Aprenden en realidad o solo responden desde programaciones dadas?[13]. Si consideramos que el aprendizaje no solo consiste en asumir datos sino en *aprehenderlos* de alguna manera, para que una IA aprenda tendría que tener cierta conciencia de sí y discernir qué datos quiere hacer suyos[14]. Si bien muchos autores sostienen que las IA pueden aprender, esto implicaría que un programa determinado escribe por sí solo más fórmulas, sin necesidad de que un ser humano lo haga. La pregunta será entonces, ¿las IA pueden "aprender a aprender" por sí solas, o siempre necesitarán un ser humano que les programe cómo hacerlo? En el segundo caso, no será *aprendizaje* sino *respuesta* a programaciones previas –como hemos visto en el capítulo anterior–.

Yuval Harari, desde su realismo crítico, anunció que quizá mañana no tengamos trabajo, a causa de las tecnologías, aunque

13. En la serie *Raised by wolves* dos androides ateos incuban y crían a seres humanos como sus propios hijos, oponiéndose a un grupo creyente que ha devastado el mundo. Otra serie futurista que trabaja sobre la educación humana y las IA es *I am mother*, donde una robot gesta artificialmente y educa a una niña humana como si fuera su hija, conservando varios comportamientos que considera importantes para su crecimiento.
14. En línea: https://www.revistanotas.org/revistas/40/2262-aprender-a-aprehender

por el contrario, otros autores afirman, como hemos visto, que éstas originarán nuevos empleos. Entonces, reflexiona diciendo: "Así pues, ¿nos hallamos a las puertas de un período convulso y terrible, o tales predicciones son solo otro ejemplo de histeria ludita infundada? Es difícil decirlo"[15].

Si bien estos temores se evidenciaron sobre todo desde el siglo XIX, hasta ahora no se han materializado. Hemos visto en cada Revolución Industrial cómo, ante la pérdida de un trabajo debido a alguna máquina o tecnología, otro nuevo surgía. No obstante, la interacción hoy es distinta. Antes "las máquinas competían con los humanos principalmente en las capacidades físicas en bruto, mientras que estos tenían una enorme ventaja sobre las máquinas en cuanto a cognición"[16].

Cuando, por ejemplo, algunas máquinas comenzaron a reemplazar a los seres humanos en la agricultura, surgieron nuevos empleos que requerían de capacidades humanas tales como analizar, comprender emociones, entre otros. No obstante, hoy en día esas capacidades están siendo asumidas por diversas IA, programadas hasta el momento por los mismos seres humanos. Desde esta nueva comprensión, Harari opina que cuanto más comprendamos la bioquímica de nuestras "emociones, deseos y elecciones humanas, mejores serán los ordenadores a la hora de analizar el comportamiento humano, de predecir las decisiones de los humanos y de sustituir a los conductores, banqueros y abogados humanos"[17].

En los últimos tiempos, han surgido numerosas investigaciones de la economía conductual, las neurociencias, entre otras, que intentan explicar neuronalmente cómo los seres humanos tomamos

15. Harari, Y. (2018). *Lecciones para el Siglo XXI*. Madrid: Debate, p. 7.
16. *Ibid.*
17. *Ibid.*

decisiones, y en muchos momentos nos equivocamos en elecciones simples (comida, película para ver, empleo, pareja). Nuestras neuronas calculan posibilidades en fracciones de segundo reconociendo patrones, intuyendo. Entonces, las IA en este campo nos podrían superar en poco tiempo. Ahora bien, la competitividad no se dará en "términos de corazonadas místicas, sino con redes neuronales que permiten hacer probabilística o reconocimiento de patrones, y eso sí le daría más certezas a las IA. Por ejemplo, cómo manejar evitando accidentes, cómo negociar, cómo defenderse de estafas, cómo evaluar deseos de las personas.

Harari afirma que hasta no hace mucho tiempo se creía que las emociones y los deseos eran generados por un espíritu inmaterial y, por otro lado, que los ordenadores no podrían comprender al *espíritu humano creado divinamente*. Ahora bien, si esas emociones y deseos en realidad fueran algoritmos bioquímicos, los ordenadores podrían descifrarlos, incluso mejor que cualquier *homo sapiens*. Su hipótesis es que, si el conductor de un vehículo puede predecir las intenciones de un peatón, otro puede evaluar la credibilidad de un cliente o, incluso, intuir el ánimo de alguien en una negociación, lo hacen utilizando el reconocimiento cerebral de "patrones bioquímicos al analizar expresiones faciales, tonos de voz, gestos de las manos e incluso olores corporales". Como conclusión se desprende para el autor que una IA programada con los sensores adecuados podría realizar estas lecturas de manera más fiable que un ser humano, y vaticina que "la amenaza de pérdida de puestos de trabajo no sea simplemente el resultado del auge de la infotecnología. Es el resultado de la confluencia de la infotecnología con la biotecnología"[18].

Las IA poseen en la actualidad algo que los seres humanos no podremos lograr fácilmente, o nunca: conectividad a nivel macro y capacidad de actualización de información diversa y almacenaje.

18. *Ibid.*

Los seres humanos nos conectamos con personas afines, comunidades, grupos, pero no nos sería posible hacerlo con todo el mundo al mismo tiempo, así como tampoco podríamos incorporar toda la información del universo. Entonces, debemos pensar también en los grandes beneficios para la humanidad de la socialización del conocimiento.

Por ejemplo, las IA médicas, aún considerando que pueden diagnosticar incompletamente, podrían llevar acceso a una atención sanitaria y económica a millones de personas, en aquellas zonas donde no hay personal suficiente o se encuentran inaccesibles por alguna razón[19].

El universo de interacción, como podemos ver, es cada vez más amplio.

¡Sí a los videojuegos![20] Gamificación: moda, necesidad y/o riqueza

Cuando somos pequeños, vamos conociendo el mundo a través de la experimentación y lo lúdico, al crecer solemos perder horas de juego por diversas razones. Por momentos recuperamos la teatralización, los juegos, los tiempos sin tiempo, pero no crecen en proporción a nuestra edad, sino todo lo contrario[21].

19. *Ibid.*
20. Se puede profundizar sobre este tema en los siguientes libros: Mc Gonigal, Jane, *¿Por qué los videojuegos pueden mejorar tu vida y cambiar el mundo? Un encuentro entre el mundo virtual y el real en el que las personas salen favorecidas*, Buenos Aires, Siglo XXI, 2011; AAVV, *Power play. Cómo los videojuegos pueden salvar el mundo*, Madrid, 2021. Y también puede ver la siguiente charla TED: En línea: <https://www.youtube.com/watch?v=Q4nFUFO_rXw> Consulta 12.04.22.
21. Caldas, M. (Julio de 2013). *¿Por qué nos gusta festejar? Algunos elementos de lectura de las fiestas populares. Vida Pastoral* (306), 33-38.

No obstante, los *millenials* nacidos en una época de juegos digitales a nivel masivo, han sido los primeros en jugar más que las generaciones previas, pero no tanto con juegos de mesa o presenciales, sino sobre todo *online*.

Muchos opinan que estos juegos los hacen evadirse de la realidad, y pierden el tiempo, pero existen características de los videojuegos o juegos digitales que son positivas para quienes los juegan[22], y las cuestiones negativas terminan siendo acotadas o meros mitos[23]. Según Mc Gonigal, en los videojuegos se hacen presentes: perseverancia ante el fracaso, ser parte de algo mayor que uno mismo, conectividad social, búsqueda de alternativas, diversión, economía de la participación, colaboración, cambiar el mundo cercano y lejano, y otros.

Aunque se crea que los videojuegos solo consisten en perder tiempo, pasar niveles y/o cumplir misiones; incluso en el imaginario colectivo se manifiesta que incitan la violencia, la autoexclusión, la irresponsabilidad, entre otras críticas negativas. No obstante, muchos docentes suelen incorporarlos por ejemplo para enseñar historia con la saga de *Assassin's Creed*, *Age of Empires*, *Age of Mythology*, *Call of Duty*, entre otros. O bien, para desarrollar habilidades, reacciones, opciones morales, resolver situaciones como en los juegos de rol[24], favorecer funciones cerebrales, entre otras. Muchos de estos juegos *online*, se juegan en red con otras

22. Cf. Mc Gonigal, J. (2011). *¿Por qué los videojuegos pueden mejorar tu vida y cambiar el mundo?*

23. Cf. Caldas, M., *Algunos mitos sobre la tecnología actual y los jóvenes*, 2011. Proyecto (59-60). Buenos Aires: Siglo XXI.

24. Aquí nos referimos a juegos de rol tales como *El Señor de los Anillos*, *Dungeons & Dragons*, *Warhammer*, entre otros, y no a los juegos de roles que se suelen jugar por ejemplo en el nivel inicial donde se arman los rincones lúdicos, tales como la casita donde los niños interpretan roles que ejercen familiares, educadores, médicos, y demás.

personas, conocidas o no, por lo que fomentaría la interacción con otros. Al igual que en la vida presencial, habrá que revisar cuestiones de *grooming, sextorsion,* entre otras, y eso será también parte del aprendizaje social[25]. Si a todo eso, le agregamos incluso las posibilidades que nos ofrecen las IA, las injerencias son multiplicables por millones.

Hasta ahora analizamos si estas inteligencias son beneficiosas o no, cuándo lo son, si modificarán o dominarán la humanidad, entre otros ejes trabajados. ¿Educamos o no utilizando IA? ¿Es mejor jugar con ellas o sin ellas? Inés Dussel y Luis Alberto Quevedo afirman que los medios actuales inmersos en la emocionalidad y la sensorialidad, involucran al nivel corporal (cliquear, vibrar, observar, entre otros), algo opuesto en general a los modos escolares actuales que configuran –con o sin pandemia–: la distancia, la moderación, la represión emocional, el silencio, las respuestas mediatas[26]. Entre las problematizaciones actuales, encontramos debates sobre simulación y realismo de las IA, sobre ubicuidad y acceso a la información y necesidad de discernimiento y ponderación, entre otras. Por ejemplo, los juegos de simulación facilitan la práctica –aunque pueda confundirse a veces con la realidad– atento a la calidad de reproducción detallada y renderizada. Pensemos en los simuladores de vuelo, de manejo, de cuidado de un hogar o granja.

Dussel y Quevedo afirman al respecto que "cuando más poderosas se vuelven nuestras herramientas, más difícil es imaginar el mundo sin ellas". Asimismo, sostienen que los entornos y aplica-

---

25. *Grooming*: acoso digital de un adulto hacia un menor de edad, que usualmente se presenta como un par.

Sextorsion: extorsión o chantaje *online* para que una persona envíe contenido erótico o explícito sexual, también conocido como *sexting*.

26. Cf. Dussel, I., & Quevedo, L. (2010). *Educación y nuevas tecnologías: los desafíos pedagógicos ante el mundo digital.* Buenos Aires: Santillana.

ciones digitales actuales nos seducen y fascinan manteniéndonos como en estado de inmersión[27]. Hasta el advenimiento de Internet, la escuela era parte de la transmisión de información mediada por los maestros, los currículum y los libros; actualmente la información es ubicua en aquellos contextos donde hay conectividad. Las personas acceden a la información, a la historia digitalizada, sin maestros, escuelas o libros, incluso esos datos pueden ser creados por otros usuarios o por ellos mismos.

Estos autores proponen, asimismo, reflexionar, entre otros aspectos, sobre si las tecnologías digitales deben estar o no dentro de las aulas, si es mejor que los alumnos se *desconecten* un poco para poner en marcha procesos de aprendizaje no mediados por ellas, si es mejor una pantalla individual o una común con la cual el docente tenga una función integradora. Lo hacen en relación a la creatividad constante de los prosumidores actuales y pedagogías donde la creatividad, afectividad y emocionalidad no son promovidas. Esta realidad los interpela a buscar cómo integrar afectividad, disciplina y conocimiento técnico para articular pedagógicamente de una mejor manera. Destacan que existe una tensión entre los modos de trabajo propuestos por las escuelas (asignaturas separadas, tiempos establecidos, espacios pautados, relaciones de autoridad, secuenciación de contenidos) y las interacciones cotidianas en los medios digitales actuales, y afirman que:

> "La novedad en este momento histórico consiste en que la escuela se ve interrogada por esas nuevas prácticas vinculadas a las tecnologías, que tienen una pregnancia y una extensión inéditas y que moldean buena parte de los comportamientos y sensibilidades

---

27. Recordemos que el mundo digital es parte del mundo real, solo las experiencias de realidad virtual no lo son.

actuales, y frente a las cuales, muchas veces, la escuela se muestra desorientada y no sabe cómo reaccionar"[28].

Con respecto a esto último, Jane Mc Donigal –a quien hemos mencionado anteriormente sobre la interacción con los videojuegos– nos ilumina al enunciar que estamos biológicamente preparados para ocuparnos de la realidad, fruto de millones de años de adaptaciones genéticas, y que nada de esa gran misión nos impide jugar. Más aún, a través del juego aprendemos, creamos estructuras sociales, andamiamos los esfuerzos conjuntos, creamos comunidad[29].

28. Cf. Dussel, I., & Quevedo, L. (2010). *Educación y nuevas tecnologías.* p. 66. Buenos Aires: Santillana.
29. Mc Gonigal, J. (2011). *¿Por qué los videojuegos pueden mejorar tu vida y cambiar el mundo?* pp. 393-394. ¿?¿?¿?

Capítulo 6

Interculturalidad, creencias e IA

Como hemos visto hasta ahora, desde hace algunas décadas, nuestras realidades ya no se restringen solo a categorías materiales, ya que muchos eventos cotidianos se han digitalizado[1]: búsquedas e intercambios de información, relaciones interpersonales e institucionales, emociones, educación, entre otras[2]. Aquí, tecno-optimistas y tecno-pesimistas dirimen si debemos temer, disfrutar o ser cautos. El ritmo es exponencialmente vertiginoso, ya que nunca antes en la historia de la humanidad hemos hecho tantos avances tecnológicos en tan poco tiempo, mientras observamos que no todo ha mejorado, por ejemplo en el ámbito de las rela-

1. Recordemos que digital y virtual no son sinónimos, tal como mencionamos en el capítulo anterior. Cuando usamos un casco de realidad virtual, sabemos que el T-Rex que nos corre no es real, aunque lo sintamos así. En cambio, los intercambios de información y relacionalidades varias que acontecen en el mundo digital sí son reales –no virtuales–. Por lo tanto, hablar de un aula virtual, no sería correcto aunque muchas personas e instituciones sigan utilizándolo.

2. Cf. Burckhardt, M., & Höfer, D. (2017). *Todo y nada. Un pandemonio de la destrucción digital del mundo*. Barcelona: Herder.

cionalidades y comunicaciones interpersonales –aunque estemos conectados permanentemente–.

El mundo digital como cosmovisión y sus influencias

Si bien sabemos que nuestra vida en el mundo digital es parte de la realidad, lo que sucede al interactuar con él hace que veamos al resto del mundo desde otras perspectivas, pudiendo ser considerado, entre otras cosas, entonces una cosmovisión[3]. Es decir, una forma de percibir la realidad y habitarla[4].

Muchos opinan que las tecnologías impactan en las sociedades como si fuesen *algo* que viene desde fuera de ellas y las performan, pero no debemos olvidar, como mencionamos anteriormente, que hasta hoy estas siguen siendo producto de la fabricación y programación de seres humanos. Al respecto Pierre Lévy opina "que los sistemas culturales no son ajenos a los sistemas tecnológicos ni a los sistemas sociales, ni hay por qué considerar tecnología, cultura y sociedad como entidades separadas y heterogéneas"[5].

Estas diversas maneras de percibir las realidades pueden hacernos de filtros, opacar o aclarar, abrir nuevas imágenes a modo de caleidoscopio o entubar miopemente la realidad. La dinamicidad del tema hará que esbocemos planteos que quizá pronto se superen, pero creemos que es necesario hacerlos. Entre los tecno-

---

3. Cf. Morduchowicz, R. (2012). *Los adolescentes y las redes sociales. La construcción de la identidad juvenil en internet.* Buenos Aires: Fondo de Cultura Económica.

4. Cf. Spadaro, A. (2014). *Ciberteología. Pensar el cristianismo en tiempos de la red.* Barcelona: Herder.

5. Lévy, *Cibercultura. La cultura de la sociedad digital*, 2007, p. 6. Barcelona: Anthropos.

pesimistas y los tecno-optimistas ingenuos, transitamos entre ellos buscando al menos una tercera opción.

Ciberculturas, cibereducación y ciberteología

Dentro de cada cultura habitan muchas otras[6] que se entraman compartiendo personas, entornos, recursos, socio-afectividades, prácticas, símbolos, etc.; aunque diferenciándose entre sí dentro del gran colectivo con otros propios medios culturales –materiales, simbólicos y organizativos–[7]. Dentro de la heterogénea riqueza cultural, encontramos las culturas digitales, que comprenden mucho más que los "sistemas tecnológicos electrónicos y digitales que la configuran"[8]. Lévy afirma que la cibercultura es una

"mutación mayor dentro de la esencia misma de la cultura (...) el horizonte de un ciberespacio que reputamos de universalista es interconectar todos los bípedos hablantes y hacerlos participar de la inteligencia colectiva de la especie en el seno de un medio ubiquitario"[9].

Volviendo sobre la consideración virtual o digital, opina al respecto:

"El ciberespacio reúne a la gente de manera mucho menos «virtual» que la ciencia o las grandes religiones. La actividad científica

6. Dentro de cada identidad cultural, hay muchos elementos fijos y/o dinámicos de otras culturas que se relacionan con ella. Pensemos por ejemplo en la cultura argentina, que se constituye por el entrelazado de todas las culturas originarias e inmigrantes a través de su historia.

7. Lévy, *Cibercultura. La cultura de la sociedad digital*, 2007, p. 80. Barcelona: Anthropos.

8. *Ibid.*, p. 99.

9. *Ibid.*, pp. 224-226.

implica a cada uno y se dirige a todos por medio de un sujeto trascendental del conocimiento, del cual participa cada miembro de la especie. La religión reúne por la trascendencia".

Las grandes culturas y tradiciones construyen sus memorias en una sucesión cronológica, la cibercultura por otra parte, conecta todos los tiempos y lugares en un instante.

"[Es] como si toda la memoria de los hombres se desplegara al instante: un inmenso acto de inteligencia colectiva sincrónico y convergente en el presente, relámpago silencioso, divergente, explotando como una cabellera de neuronas"[10].

Anteriormente, hablamos de la interacción entre IA y educación, pero la ciber-educación –concepto que tiene más de dos décadas de utilización– no solo se relaciona con las inteligencias artificiales. Todo el universo de tecnologías digitales se vincula con la educación, cuando las condiciones se dan para conectarse –electricidad, conectividad, economía–. Dentro de este *miniuniverso,* ¿cómo acompañar a ciudadanos activos, o a quienes están *pasivizados* por los algoritmos? Yuval Harari se pregunta qué tipo de habilidades se necesitarán para conseguir un trabajo o comprender lo que ocurre alrededor, y que si en el pasado no fue posible de predecir con exactitud, hoy es mucho más difícil "porque una vez que la tecnología nos permita modificar cuerpos, cerebros y mentes, ya no podremos estar seguros de nada, ni siquiera de aquello que parecía fijo y eterno"[11].

10. *Ibid.*
11. Harari Y., *Lecciones para el Siglo XXI*, p. 366.

Para obtener buenos resultados, lo imprescindible será, como en todo proceso educativo, ayudar a discernir entre tanta *infoxicación*; y entre tantas opciones éticas y morales, con las interacciones interhumanas, sobre todo con los adultos –dentro y fuera de las instituciones escolares– para que se involucren proactivamente. En un ciberespacio donde la información es ubicua e inmensa, el rol docente será el de ayudar a elegir qué contenido es mejor, y generar ciudadanos éticamente libres y proactivos.

Pasamos a otro campo, la *ciberteología*, la que ha sido investigada por el jesuita Antonio Spadaro[12]. "Si los medios de comunicación electrónicos y las tecnologías digitales modifican el modo de comunicar y hasta de pensar, ¿qué incidencia tendrán en el modo de hacer teología?"[13].

¿Y en el de creer? Desde que Internet comenzó a masificarse, pasamos de tener encendido de velas, peticiones a santos, misas, rezos, celebraciones religiosas *online* de todo tipo, búsquedas espirituales de diversa índole[14]. En 2020, esto se masificó y logró sostener no solo la recopilación de información, sino también los vínculos y creencias en la distancia. Lejos de perder *lo humano*, tal como describimos anteriormente, muchas interacciones se incrementaron, tal como la participación activa de los creyentes en

---

12. Susan George da cuatro definiciones de ciberteología: "La primera definición la enmarca como teología de los significados de la comunicación social en tiempos de internet y de las tecnologías avanzadas. La segunda la entiende como una reflexión pastoral sobre cómo comunicar el Evangelio con la capacidad propia de la red. La tercera la interpreta como el mapa fenomenológico de la presencia de lo religioso en internet. La cuarta, como navegación por la red, entendida como lugar de las capacidades espirituales." Spadaro, A., *Ciberteología*, p. 44.

13. *Ibid.*, 43.

14. Cf. Caldas, M. (MARZO / ABRIL 2009). *Click. Vida Pastoral* (276), 37-39.

las misas mediante la utilización de tecnologías digitales y redes sociales. La búsqueda religiosa no cesó, quizá se diversificó y hasta confió en lo que el *big data* ofrecía primero como alguna señal "divina".

¿Seremos como dioses?
Optimismos o pesimismos ontológicos

¿Pondremos en las tecnologías digitales nuestra fe en lograr a alguien perfecto, porque los seres humanos creados por Dios no lo somos? ¿Ellas serán nuestros dioses, o serán nuestras criaturas? ¿Cuál será el lugar de la antropología digital en los próximos años?

El cineasta Steven Spielberg, en el año 2001, dijo que "crear un ser artificial ha sido el sueño del hombre desde que nació la ciencia". Por eso, cabe preguntarnos si jugamos a ser como dioses al crear máquinas e IA que quizá parafraseando el mito creacional, sean "creadas a imagen y semejanza de su Dios: nosotros, se volvieran en contra de su creador, dotadas de la libertad infinita de seguir razonando"[15].

¿Es cierto que tendremos más tiempo para cuestiones personales, la crianza de nuestros hijos, los vínculos familiares, el acompañamiento de enfermos, o que disminuirán las distancias sociales y las exclusiones? Montenegro afirma que aún no lo sabemos. No obstante nuestra búsqueda no terminará definiendo por sumar tecnologías e IA o no, sino que tendrá que tender a que la inteligencia humana trabaje junto con la artificial. Allí estará también, en principio, nuestra búsqueda de una tercera opción.

---

15. Montenegro, D. I. (2019). *De la Inteligencia Artificial al juego de los dioses. ConHumanitas*, 10, 5-106.

Hay que discernir entre los múltiples beneficios y los numerosos riesgos, no de la posibilidad técnica, sino de la ética en su fabricación y uso.

Un Dios creador todopoderoso e infinito, un ser humano finito creador de seres cada vez más perfectos, robots que generan nuevos robots[16], indudablemente el futuro nos traerá grandes cambios en los modos de creer.

Conviven en la actualidad la creencia en el *Homo Deus* de Harari, donde los seres humanos transformados en dioses crearán seres orgánicos e inorgánicos, como Dios hizo en la Biblia, originando el paso de *Homo sapiens* a *Homo Deus*. Junto con científicos que prometen la vida eterna mediante una copia de nuestra persona (conocimientos y experiencias) en un androide o en una gran memoria de almacenamiento, surgen grandes temores sobre el día en el que tomen conciencia de sí y preguntas espirituales tales como si las IA serán objeto de evangelización. Las *tecnoreligiones* también hacen su aparición.

Mientras unos afirman que Dios ha muerto pero habrá que crearlo nuevamente para salir de las problemáticas actuales, otros pronostican que las religiones y sus dioses no tienen sentido cuando la biotecnología entre otras ciencias están llegando a crear a ser humano inmortal. Según Francesc Torralba:

"Hay un mosaico y pluralidad de discursos en torno a una nueva fe sobre el poder omnipotente de la tecnología, sobre que con

---

16. Observamos noticias tales como: Crean robots vivos que tienen la capacidad de autorreplicarse. En línea: <https://www.dw.com/es/crean-robots-vivos-que-tienen-la-capacidad-de-autoreplicarse/a-59980318> (Consulta: 02.02.22). Nace el primer robot «autorreplicante», capaz de reproducirse como si fuera un ser vivo En línea <https://www.abc.es/home/abci-nace-primer-robot-autorreplicante-capaz-reproducirse-como-si-fuera-vivo-200505130300-202450770508_noticia.html> (Consulta: 02.02.22)

nuestros propios medios, a través del talento compartido, la sociedad en red y la inteligencia artificial conseguiremos extirpar la finitud, el sufrimiento y todo el mal que hay en la condición humana, construyendo el paraíso en la tierra"[17].

Surgen las denominadas "iglesias de las IA", donde *softwares* y *hardwares* son objeto de devoción. Un ejemplo de ellas es *Way of the Future*, de Anthony Levandowski, donde alaban a los robots e IA como futura especie dominante de la tierra. Otro es la Fundación Terasem de Martine Rothblatt, donde se busca la eternidad de una ciberconciencia, basados en la idea de que dios es tecnológico, y que la muerte es un evento opcional. Rothblatt propone la creación de un "análogo consciente" de alguien –emociones, experiencias, sentimientos, características espirituales– con futuros softwares que podrán descargarse en un cuerpo biológico criogenizado o en uno nanotecnológico[18].

En paralelo a estas iglesias de las IA, autores como Alexander Bard, por ejemplo, creen que es necesaria una nueva religión, el *sinteismo*. En ella, Internet es el paralelo al Espíritu Santo de las sociedades digitales, que se congregan por esta red. Como consecuencia, emergen disyuntivas tales como si seremos salvados por las ciencias.

Asimismo, y esperando que la ética guíe la fabricación de las IA, el campo de la bioética necesita tener los parámetros claros, sobre todo en un terreno denominado *bioética desafiante*. En ella se considera que el ser humano puede ostentar el rol divino por ser capaz de generar vida artificialmente, de mejorar genéticamente a

---

17. Rius, M. (2017). *El debate entre la racionalidad y la espiritualidad se renueva.* Obtenido de: https://www.lavanguardia.com/vida/20171203/43337 9573479/tecnorreligiones-ia-homo-deus-dios-tecnologia-robots-fe.html
18. *Ibid.*

los hijos, así como de intervenir técnicamente para optimizar su salud y capacidades.

Por otra parte, se fortalece un transhumanismo que apela a la tecnología para resolver el sufrimiento y algunos graves problemas de la humanidad. Si bien tiene una mirada optimista sobre las tecnologías y las IA, existe el riesgo de una tecnocracia ideológica en él. Detrás de los avances, usualmente hay intereses económicos y de poder que los impulsan. También asociaciones transhumanistas cristianas, tales como la del pastor Benek o iglesias digitales como la de Giulio Prisco, que defienden las nuevas formas de vida de los robots, tan destinatarios de salvación como los extraterrestres, porque, según sus lineamientos, serán capaces de pecar[19].

El estado actual del planeta y la humanidad en general –guerras, hambrunas, desigualdades, etc.–[20], genera que el optimismo ontológico no sea una tendencia. Prevalece un pesimismo existencial que opaca nuestras posibilidades de cumplir nuestra misión en el mundo como buenos administradores del mismo.

Como los seres humanos buscamos escapes para tolerar la realidad, la finitud, la corruptibilidad, el sufrimiento, etc., podemos encontrarlos en creencias, tradiciones, religiones, así como también en tecnologías que vienen a rescatarnos. Los avances médicos son los que nos generan mayores esperanzas e ilusiones colectivas, aunque no siempre estén de la mano con planteos éticos y bioéticos, pero nos prometen "un mundo más feliz (…) Torralba recuerda que esta nueva fe utópica está impulsada por científicos de renombre internacional y apoyada por grandes corporaciones,

---

19. *Ibid.*
20. Cf. Rojas, M. (s.f.). *Consideraciones sobre el concepto de progreso.* Obtenido de: http://www.foroconsultivo.org.mx/libros_editados/midiendo_el_progreso.pdf

lo que facilita su irradiación y que la idea de la tecnología como divinidad laica redentora sume seguidores atraídos por el paraíso en la tierra"[21].

Proyecciones hacia futuros acompañados, mediados o dominados por las tecnologías e IA

Si bien este punto será desarrollado más adelante, cuando hablemos de las próximas decisiones fundamentales a tomar: humanizarnos, tecnificarnos o ambos... creemos importante destacar que nuestra intención es la de recuperar el optimismo ontológico sobre los seres humanos.

Consideramos que no necesitamos fabricar mejores tecnologías, sino ser mejores seres humanos. Progreso y humanización deben ir de la mano. ¿De qué nos sirve gastar millones en averiguar si hay agua en Marte, o si es posible habitar la luna, cuando tenemos personas sin agua ni vivienda en este planeta? Si a lo largo de la historia buscamos ser como dioses, ¿buscaremos también ser más humanos? ¿Dónde colocamos el libre albedrío y la libertad? ¿Recuperaremos el optimismo ontológico del relato mítico de la creación judeo-cristiana que dice que al ser creados Dios vio que lo hecho era bueno?

Ante esta realidad que merece más lecturas, Harari nos recomienda conocernos a nosotros mismos primero. El mensaje de los dioses en el templo griego de Delfos ya nos recomendaba algo

---

21. Realidad y ficción. Androide hecho como copia de una mujer, y una escena de la película *Yo robot* donde un robot toma conciencia. En línea: http://nologia.com/wp-content/uploads/2010/04/geminoid_f.jpg y https://pasion-porelcine.net/wp-content/uploads/2021/04/Yo-robot-critica-pelicula-explica-cion-final.jpg. Consulta: 02.02.22.

similar. Cuando un viajero quería conocer algo, la consigna era primero: "Conócete a ti mismo"[22].

¿Seremos capaces de conocernos a nosotros mismos más de lo que los buscadores de *Google* lo hacen?[23].

"Y *Google* responderá: pues te conozco desde el día que naciste. He leído todos tus correos electrónicos, grabado todas tus llamadas telefónicas y conozco tus películas favoritas, tu ADN y toda la historia biométrica de tu corazón. Tengo datos exactos sobre cada cita que tuviste y puedo mostrarte gráficos segundo a segundo de tu frecuencia cardíaca, presión arterial y niveles de azúcar cada vez que tuviste una cita con John o Paul. Y, naturalmente, los conozco a ellos tan bien como te conozco a ti"[24].

Si bien en las décadas próximas no tendremos que convivir con las realidades que las producciones de la ciencia ficción y el arte nos remiten, tendremos que ir formando una reflexión clara de lo que queremos en relación a las tecnologías digitales en nuestra vida y en toda la vida. En ella, ¿hasta dónde dejaremos influenciarnos por algoritmos, redes sociales digitales, *trending topic* e *influencers*? Harari afirma que pese a que los algoritmos nos inducirán a tomar decisiones, no tendrán conciencia de esa manipulación, eso se lo deja por el momento a la ciencia ficción. No tenemos que confundir inteligencia con conciencia. "La inteligencia es la capacidad de resolver problemas. La conciencia es la capacidad de sentir dolor, alegría, amor e ira"[25].

22. Cf. Harari, Y. (2016). *Big Data, Google and the End of Free Will.* *Financial Times* https://www.ft.com/content/50bb4830-6a4c-11e6-ae5b-a7cc5dd5a28c. Consulta 14.01.24.

23. Cf. Sadin É., *La inteligencia artificial o el desafío del siglo. Anatomía de un antihumanismo radical,* 2021. Buenos Aires: Caja Negra.

24. Harari, Y. *Big Data, Google and the End of Free Will.*

25. Harari Y., *Lecciones para el Siglo XXI,* p. 91.

El filósofo Éric Sadin, dentro de su descripción antihumanista ante las IA, nos propone tanto individual como colectivamente: dejar la pasividad, movilizarnos, exigir "la preservación de ciertos valores situados en los fundamentos de nuestra civilización", ser responsables[26], ponderar la justicia social y ecológica, y discernir hasta dónde las tecnologías digitales incidirán en nuestra cosmovisión del mundo[27]. Al fin y al cabo son imagen y semejanza nuestra.

---

26. Sadin É., *La inteligencia artificial o el desafío del siglo. Anatomía de un antihumanismo radical*, 2021, p. 297.

27. Cf. Spadaro & Twomey, *Inteligencia artificial y justicia social. Cómo está cambiando la experiencia humana*, 2021. Obtenido de https://www.laciviltacattolica.es/2021/10/01/inteligencia- artificial-y-justicia-social
En el Capítulo 1 de la primera temporada de la serie *Raised by Wolves*, se puede observar estos debates entre humanidad y tecnología, creyentes y ateos ante el uso de las tecnologías e IA, entre otros temas. Asimismo, en el Capítulo 2, Marti, de la primera temporada de la serie *"Creeped Out"*, nos hacen reflexionar sobre la influencia de una IA en la vida de una adolescente que se vuelve más popular gracias a los algoritmos e información que la misma ya proporcionó a la red durante su vida, hasta que es esta misma IA la que la envuelve en problemas y se obsesiona con ella como su tuviera vida propia.

Capítulo 7

Nuestro futuro: ¿robotizarnos o humanizarnos?

A medida que ascendemos en la escala biológica nos encontramos con seres menos conformados, más abiertos, cuya constitución tiende a depender de los actos de los mismos individuos superiores. Lo que nos permite sostener que, en la cima biológica, las criaturas no están vinculadas enteramente al instinto y se configuran a sí mismas más libremente que los seres que las preceden. Curiosamente *el vacío inicial buscador* indica cierta superioridad de la vida. La persona, como su manifestación más perfecta, es un comienzo estructural constitutivo a desarrollar o a realizar por propia decisión y actividad. De allí que podemos afirmar que ella es una *personeidad*[1] que alcanza cierta personalidad llevada por su propio desenvolvimiento en contacto con los otros, organizando instituciones justas. Xavier Zubiri define la propia biografía como un proceso por medio del cual *autoposeemos* nuestra realidad[2].

La personalidad o la figura que decidimos concretar en el mundo junto con los otros va adquiriendo forma en el tiempo. Esta autorrealización compleja presenta dimensiones físicas, bioló-

---

1. Sugerimos para este punto, volver sobre los conceptos del capítulo cuarto, donde nos abocamos a las diversas inteligencias.
2. Zubiri, X., *Sobre el hombre,* p. 18.

gicas, psíquicas, profesionales, sociales, políticas o religiosas, entre otras. Nuestro gran desafío biográfico consiste en la aventura de ir conquistando libremente nuestra propia plenitud, junto con los otros en el mundo en el que nos toca desempeñarnos. Hoy nos enfrentamos con la corriente transhumanista que nos hace recapacitar acerca del lugar que el *hombre mejorado* guarda en el ámbito del perfeccionamiento integral humano.

Hacia una pequeña historia del perfeccionamiento humano

En cada época se descubren, viven, se sostienen diversas interpretaciones acerca del hombre, del mundo y de la trascendencia. Entre otros, antiguos y medievales percibieron con claridad el misterio que yace en toda criatura. De allí que experimentaron y reconocieron que el hombre alcanza su perfección, trascendiéndose hacia lo maravilloso que lo envuelve. Camina hacia su realización cuando imita al Tao, se sumerge en la totalidad, se relaciona con el Padre Creador, Alá o sigue a Cristo. En la relación con el Misterio, aclararía Martín Velasco, el ser humano encuentra principalmente su realización[3]. El cumplimiento humano, en este contexto religioso, se refiere a una *religación* que se concreta en una forma de vida.

En la filosofía griega la excelencia humana se halla transida de vinculación y de integración con las totalidades naturales y humanas. El ser humano, en la medida que cumple con las leyes de la naturaleza y que es parte de la comunidad política, puede alcanzar su realización[4].

---

3. Velasco, M. (1978). *Introducción a la fenomenología de las religiones*. Madrid: Cristiandad, p. 117.
4. Cf. Aristóteles. (1993). *Ética Nicomáquea y Ética Eudemia*. Madrid: Gredos.

Los modernos colocan, en cambio, a los humanos en el centro de la cultura y otorgan al ámbito de las humanidades un espacio privilegiado, vinculado al complejo tema de la perfección humana[5]. La aspiración al mejoramiento humano, para los ilustrados, se hallaba asociada a un proyecto social y político. En la línea de la Ilustración, Condorcet, como gran iluminista, guardaba el afán de liberarse de toda tutela o heteronomía ya sea religiosa, social o política. Juan Jacobo Rousseau, en esta línea, propone una pedagogía al servicio de un educando que pueda ejercer su propia observación y pueda manejarse con criterios autónomos[6]. Immanuel Kant, por su parte, en *Was ist Aufklärung?*, alienta a sus contemporáneos a tener el coraje de servirse del propio entendimiento. El hombre, a esta altura de los tiempos, ya no debe nada, en líneas generales, ni a la naturaleza, ni a un ser trascendente.

En la Modernidad convivieron conjuntamente la preocupación vinculada a la emancipación social y política con la gestación y expansión de la revolución científica. En aquellos tiempos, el ideal hipocrático y cosmológico de fidelidad a la naturaleza, concebido por antiguos y medievales, parecía desdibujarse a favor de la empresa de transformación de la naturaleza y del hombre como tal. De esta manera, en la utopía *The new Atlantis*, Sir Francis Bacon describe una isla ubicada en los mares del sur, completamente dedicada a la ciencia[7]. Entre los mejoramientos humanos que entonces se proponían, aparecen ya el de prolongar la vida, retardar

---

5. Recordemos, para abordar esta temática, el famoso fresco de la Escuela de Atenas de Rafael, que fue pintado entre 1509 y 1511 para decorar las habitaciones del Palacio Apostólico del Vaticano.

6. Cf. Rousseau, J. (2012). *L'Emile ou de l'éducation*. Paris: La Gaya-Scienza, p. 355. Obtenido de ebooks-bnr.com/ebooks/pdf5/rousseau_emile_ou_education_livres1et2-a5.pdf.

7. Bacon, F. (2000). *La Nouvelle Atlantide*. Paris: Flammarion, p. 119.

el envejecimiento, superar las enfermedades que se creían incurables, disminuir el dolor, aumentar la fuerza, mejorar la estatura y también las facciones humanas. La intención de perfeccionar lo cerebral, metamorfosear un cuerpo en otro y hasta fabricar nuevas especies aparecen en estos tiempos en la forma de la ficción[8].

Michel Foucault caracteriza la madurez de la Modernidad, que transcurre fundamentalmente durante el siglo XIX, como la época del biopoder, en la medida que se intensifica una fuerte tendencia a la cientificidad y a la naturalización de la perfectibilidad humana[9]. En este sentido, Augusto Comte, en su *Cours de Philosophie Positive* de 1838, señala que la humanidad solo alcanza su madurez mediante la racionalización científico-técnica. El mejoramiento social y político dependerá, bajo este nuevo paradigma, de los descubrimientos y artificios alcanzados por la humanidad.

La aparición del *The origin of species* de Darwin, en la segunda mitad del siglo XIX, contribuye conjuntamente a cierta biologización de la historia, con sus afirmaciones acerca de la lucha por la vida. Con las Guerras Mundiales del siglo XX, parece quebrarse la idea de humanismo moderno fuerte y de progreso lineal antropológico, sostenidos con vigor durante el período Moderno. Terminada la Segunda Guerra, Jean-Paul Sartre, entre otros filósofos, vuelve desesperadamente a repensar lo humano. Cercado por interpretaciones marxistas y cristianas, insiste en que no poseemos una naturaleza humana sino que nos construimos a nosotros mismos constantemente. Gozamos, según el pensador francés, de una libertad absoluta de realización con los otros en las diversas

8. *Ibid.*, pp. 132-133.

9. Según Michel Foucault el biopoder implica un conjunto de prácticas que surgen de instituciones políticas, educativas, médicas, entre otras, encargadas de moldear al individuo para controlar a una sociedad determinada. El mismo se relaciona con temáticas tales como: la salud, la higiene, la sexualidad, la natalidad o la esperanza de vida de una población.

situaciones que nos toca enfrentar. La existencia (el hombre concreto) precede a su esencia, es decir, no somos, *nos hacemos* en rebasamiento continuo con lo que nos toca decidir.

Martin Heidegger, en respuesta a *El existencialismo es un humanismo* del francés, insiste en que es el lenguaje el que nos hace realmente humanos. Sólo la capacidad habitar en la casa del ser nos convierte en existentes. En dicha casa, repite incansablemente, habita el hombre. Los pensadores y poetas se constituyen en guardianes de esa morada. Somos los pastores de ese ser, que se presenta escapándose en nuestras relaciones mundanas y personales.

Frente a estos diversos intentos de pensar al hombre o a los humanismos, alcanzamos a Peter Sloterdijk, quien indica que entramos en una era post-humana, dado que ha llegado la hora de la modificación del hombre por medio de los maravillosos adelantos técnicos alcanzados. A esta naciente práctica la llamó *antropotécnica*. No nos sirven los antiguos humanismos para enfrentar estos nuevos problemas relacionados con la posible modificación de nuestros códigos genéticos, relativos a la mejora de nuestras capacidades cerebrales a lo concerniente a las intervenciones médicas.

No se trata solo de pensar lo humano, sino de decidir cuáles de las nuevas posibilidades antropotécnicas realmente van a mejorar nuestra naturaleza o contrariamente llegar a sumergir en una nueva barbarie de la cual difícilmente podamos escapar[10].

Peter Sloterdijk junto a Norbert Wiener y Ray Kurzwell insistieron, desde diversas perspectivas, en que había llegado la hora de aplicar los avances técnicos a la misma realidad humana. Este paradigma de mejoramiento humano, sugerido ya desde la primera mitad del siglo XX, ha crecido de tal manera que está revo-

---

10. Puede completarse esta información leyendo *Has de cambiar tu vida* del filósofo alemán Peter Sloterdijk.

lucionando la biomedicina, la economía, la sociedad, la política e incluso nuestra manera de relacionarnos.

Las corrientes transhumanistas, en esta línea de tecno-perfeccionamiento humano, munidas de gran apoyo financiero y político, pretenden liberar al hombre de sus límites físicos y mentales, y apuntan a crear un ser *posthumano*. Dado que el *hombre común* (*poor man*) es limitado y frágil, debemos potenciar sus capacidades por medios técnicos para lograr un ser mejorado (*enhanced man*) con capacidades superiores a las del hombre actual[11].

El transhumanismo es un movimiento cultural, intelectual y científico que propone el deber moral de mejorar las capacidades físicas y cognitivas de la especie humana, y de aplicar al hombre las nuevas tecnologías para eliminar aspectos no deseados de la condición humana, como son: el sufrimiento, la enfermedad, el envejecimiento e incluso la condición moral.

El perfeccionamiento cibernético

A fines de la Segunda Guerra Mundial, como afirmamos anteriormente, comenzaron a resquebrajarse los ideales humanistas del progreso moderno. Sin embargo, los avances científicos y técnicos iniciados en aquel período se acrecentaron agigantadamente. Como comentamos, Robert Wiener también declara, ante este crecimiento científico descomunal en la primera mitad del siglo XX, que la hora de aplicar la técnica al hombre mismo había llegado[12]. En la misma línea, Céline Lafontaine califica la segunda

11. Driollet, T. (2016). *The Transhumanism of Nick Bostrom and the Ultra-Humanism of Pierre Teilhard de Chardin*. Journal: Studia Aloisian (7), p 6.
12. Cf. Wiener N. (1954). *Cybernétique et société. L'usage humain des êtres humains*. Paris: UGE, p. 56.

mitad del siglo XX como un mundo entregado principalmente al intercambio de información y a la comunicación. Hombre, animal y máquina se fusionan. Nos hallamos rodeados de seres híbridos: máquinas inteligentes, *cyborgs* o robots. El estructuralismo, el sistemismo y la misma posmodernidad, serán empapadas con los nuevos conceptos cibernéticos[13].

Las diferencias entre lo viviente y lo no viviente, entre lo humano y la máquina, tienden a diluirse bajo esta nueva visión sistemática de la vida. El hombre, como todos los demás seres, pasa a ser considerado como una suma de información y su inteligencia como un programa a digitalizar. Donna Haraway interpreta, intentando comprender este nuevo paradigma cultural, que el *cyborg* es parte de nuestra ontología. La unión hombre-máquina, tiende a definir nuestra condición[14].

La asimilación del hombre a lo artificial constituye la matriz de la imaginación posthumana. Ninguna de las tecnologías, tanto biotecnologías como las nanotecnologías, podrían pensarse sin el paradigma cibernético. Estos nuevos procedimientos conectados con la teoría informacional, colaborarán en lo sucesivo con la realización de la promesa de emancipar al hombre de todo determinismo natural.

La Fundación Nacional de la Ciencia y el Departamento de Comercio americano trabajan en el proyecto NBIC (Nano-Bio-Info-Cogno), que apunta a mejorar las capacidades humanas, como Norbert Wiener y Peter Sloterdijk, entre otros, habían propuesto. El soporte institucional y financiero de estas investigaciones es hoy muy considerable. Entre sus más destacados colaboradores se

13. Cf. Lafontain, C. (2004). *Des machines à penser à la pensée machine.* Paris: Seuil, p. 13.
14. Cf. Haraway, D. (2007). *Manifeste Cyborg et autres essais: Sciences-Fictions-Féminismes.* Paris: Editions Exils, p. 30.

encuentran reconocidos científicos y filósofos que pertenecen a la *World Transhumanist Association* (WTA).

El movimiento transdisciplinario transhumanista hace su aparición en los comienzos de los años ochenta. Este proyecto reúne sociólogos, filósofos, matemáticos, físicos, biólogos, genetistas, ingenieros espaciales, artistas y/o cineastas.

En estos encuentros multidisciplinarios, el futurista persaamericano F. M. Esfandiary utiliza el término "transhumanista" en el ámbito de la *New School of Social Research* de New York. En *Toward a Psychology of Being* (1968) de Abraham Maslow y en *Man into Superman* (1972) de Robert Ettinger aparece el mismo término. El encuentro en California del Sur entre Esfandiary, la artista Nancy Clark, John Spencer del *Space Tourism Society* y el legendario Max More, instituyó un momento decisivo en la constitución del nuevo paradigma transdisciplinario empeñado en la transformación humana. Luego, con profesores universitarios como el sueco Nick Bostrom, que enseña en la Universidad de Oxford, el anglosajón David Pearce, Richard Dawkins y James Hughes se consolida la corriente. Las revistas *Extropy,* el *Journal of Transhumanism,* y las fundaciones a nivel internacional: *Extropy Institute, World Transhumanist Association, Aleph* en Suecia, *Transcedo* en los Países Bajos, múltiples foros de discusiones, listas de difusión en Internet y coloquios bianuales *Extro,* lo consolidan a nivel internacional.

Algunas afirmaciones de Nick Bostrom, fundador de *Humanity Plus,* permitirán comprender este extendido paradigma humano[15]. La naturaleza humana no se encuentra aún definida o concluida, piensa el transhumanista, ella está en continua constitución y puede ser remodelada. Mas allá de los medios tradiciona-

---

15. Cf. Bostrom, N. (2005). *A History of Transhumanist Thought. Journal of Evolution and Technology,* 14, 1-25, p. 17.

les de mejorar lo humano, tales como la educación, el refinamiento cultural o el entrenamiento físico, estos pensadores y científicos proponen la aplicación de medicina y cirugías, la implementación de la ingeniería molecular, la ingestión de drogas, la aplicación de terapias hormonales y genéticas, la colocación de implantes neuronales, el uso de diversas prótesis, la implementación de ingeniería germinal, la ingesta de químicas farmacológicas de todo tipo, la implementación de técnicas reproductivas y cambio de órganos para superar límites biológicos básicos del ser a construir[16].

El mejoramiento humano ofrece un enorme potencial para usos profundamente valiosos y beneficiosos para la humanidad tales como curar enfermedades, moldear nuestro cuerpo a nuestro gusto, protegerlo con exoesqueletos, fortalecer nuestras extremidades con brazos y piernas robóticas, mejoramiento de capacidades sensoriales para poder percibir magnitudes mínimas y máximas sin dificultad, capacitaciones de nuestra memoria, nuestra capacidad asociativa o el equilibrio de nuestra emotividad. En el caso de enfermedades terminales, los transhumanistas aconsejan la suspensión criónica en orden a poder resolver la situación en el momento en que se conozcan las causas del mal. El hombre mejorado, utilizando estas técnicas, podrá incluso emprender viajes al espacio.

Las técnicas de mejoramiento humano (*human enhancement technologies*) deberían diseñarse para que todos puedan disponer de ellas. Los riesgos en la aplicación de las mismas deben ser identificados y evitados[17]. Estos mejoramientos humanos emprendidos de esta manera apuntan a convertir a nuestros descendientes en

---

16. Cf. Driollet, T., *El ultra-hombre en los escritos de Pierre Teilhard de Chardin*, 2017.

17. Cf. Bostrom, Nick. (2013). *Existential Risks Prevention as Global Priority. Global Policy* 4, 15–31, p. 16-17.

seres que superen la fragilidad y la limitación humanas, en orden a
lograr individuos superiores o *posthumanos*, sujetos con una longe-
vidad indefinida, con facultades intelectuales mucho mayores que
las de cualquier ser humano actual, con resistencia a enfermedades
e incluso con capacidad de controlar sus propias emociones.

El mejoramiento del ser humano por medios cibernéticos permitirá aumentar cualitativamente sus capacidades.[18] Pensemos por
ejemplo en los exoesqueletos diseñados para ayudar a las personas
con discapacidades motrices. El ruso Dmitry Itskov ha puesto en
práctica en estos años el proyecto Avatar que consiste, en lograr
en sucesivas etapas un cuerpo artificial que pueda alojar indefi-
nidamente al cerebro humano. Este futuro artificio les permitirá
a estos seres mejorados, en corto tiempo, viajar a otros planetas
mejor equipados.

Los medios transhumanistas utilizados son cirugías, biomedicina, ingeniería molecular, nanotecnología, drogas, terapias
hormonales y genéticas, implantes neuronales, prótesis biónicas
y cognitivas, ingeniería germinal, química farmacológica, avances
de las neurociencias, técnicas reproductivas, cambio de órganos,
entre otros.

Si tenemos en cuenta la propuesta transhumanista, el progreso
de la vida humana se representaría de la siguiente manera: universo inanimado –vida no consciente– humanidad –transhumanidad– posthumanidad. Los transhumanistas promueven además
de abrazar el progreso tecnológico, defender vigorosamente los
derechos humanos y la elección individual, y también trabajar ac-
tivamente para superar amenazas concretas tales como: el abuso
militar, el terrorismo, el uso de armas biológicas y combatir los
efectos ambientales o sociales no deseados[19].

18. *Ibid.*, pp. 2-4.
19. Cf. *Ibid.*, p. 4.

Lo posthumano: ¿progreso o retroceso con respecto a lo humano?

Nos preguntamos si el afán de crear un ser posthumano, en el cual están trabajando transdisciplinariamente afamados centros científicos y académicos, va a significar realmente una mejora o un salto cualitativo con respecto al ser humano-no mejorado. Para responder a tan acuciante cuestión, en la era *cyborg*, recordamos algunas nociones tradicionales, pero a su vez siempre contemporáneas, que por el desnudo y básico hecho de existir gozamos de una primera perfección de la cual dependen las capacitaciones posteriores que se agregan a nuestro ser. Constitutivamente somos seres individuales, completos, acabados, limitados o unificados desde el primer momento. Las partes o aspectos que nos componen guardan estrecha relación entre sí. Esta es la integridad estructural, guía básica de nuestro ser sobre la cual van a insertarse las capacitaciones o mejoramientos humanos posteriores. En este primer sentido, podemos afirmar como ya lo hacían los antiguos, que todos y cada uno de nosotros somos *perfectos hombres*. Por el mero hecho de existir gozamos de esta primera forma de perfección. Filósofos contemporáneos afirman que somos inicialmente una estructura puntual a desarrollar, o como destacamos junto a Xavier Zubiri, comenzamos siendo una personeidad inicial que debe constituirse en una personalidad a desarrollar concretamente en el mundo junto con los otros.

La perfección que se adquiere por actuación propia o personalidad supone la anterior y se alcanza cuando se desarrolla, se completa o se lleva a la plenitud la estructura inicial puntual, la base actual potencial de cada ser. Bajo este segundo sentido, entendemos que el hombre debe adquirir su desarrollo o alcanzar, por esfuerzo propio, su meta. Para lograr este segundo grado de perfección o lo que podríamos denominar *ser humano perfecto*, se debe trabajar en diversos planos de realización. Se nombró, al comienzo de este trabajo, el perfeccionamiento que se logra por la imitación de las diversas figuras religiosas, el logro de las virtudes o excelencias éticas, las conquistas socio-políticas apuntadas por los ilustrados, el quehacer educativo o los mejoramientos antropotécnicos perseguidos por diversos proyectos de nuestros tiempos. El *ergon* humano o la obra integral que cada uno debe llevar a cabo, es compleja, múltiple y goza de diversas aristas[20].

Además, para alcanzar la plenitud humana se necesita del aire, de la tierra, de los alimentos o de las otras personas, como referimos en capítulos anteriores. El hombre es un ser carenciado, en relación y en estrecha vinculación y dependencia con respecto a los demás entes. La plenitud humana se logra en el intercambio concreto con lo otro y con los otros. La vida de cada ser humano es como un texto que se va escribiendo y revisando o una historia que se va concretando junto a los otros, en un contexto dado[21]. Por ello, las capacitaciones adquieren sentido cuando se ponen en práctica, cuando se ejecutan y logran satisfacer concretamente algún aspecto de nuestro complejo ser. Logramos *ser perfectos seres humanos* cuando nuestra historia expresa nuestro ser más íntimo y colaboramos en la construcción de comunidades de seres que buscan, a su vez, su propia realización.

Actualmente no podemos negar que diversos dispositivos se han ido adaptando, introduciendo e integrando a nuestro ser –tales como los lentes de contacto, los estimuladores cardíacos, implantes cocleares–. Por ejemplo, las impresoras 3D hacen posible esculpir corazones artificiales, o cualquier tipo de órgano, exoesqueletos y

---

20. Cf. Ricoeur, P. (1990). *Soi-même comme un autre*. Paris: Editions du Seuil, p. 209.
21. *Ibid.*, p. 212.

distintas prótesis, múltiples cirugías plásticas modifican nuestro cuerpo. Estas tecnologías, solo mejoran al hombre cuando contribuyen en la afirmación del perfecto ser humano que somos. Todas estas prácticas constituyen actividades que lo enriquecen en la medida que permiten que él mismo pueda expresarse, relacionarse, conquistarse mejor en el mundo junto a los demás, es decir, conformarse como un ser humano perfecto. La tecnoevolución mejora al hombre si le permite plenificar el comienzo estructural dado, que somos desde el comienzo.

La técnica puede colaborar para aligerar trabajos, dispensar comodidades, curar enfermedades, pero también se han creado instrumentos de muerte o dispositivos, que mal manejados pueden producir grandes desequilibrios y desigualdades, como lo intuyó ya en el siglo pasado Mary Shelley.

El posthumanismo trabaja en una línea antropológica biologicista y cerebral, y nos conduce al grave peligro de desfigurar el complejo misterio humano o el perfecto ser humano y rebajarlo al nivel de los aparatos o las máquinas. Creemos, con Gilles Deleuze, que estamos ante una gran oportunidad, pero también ante un posible y grave peligro o, quizás también ante, como advierte Sloterdijk, una futura monstruosidad.

Fédéric Vandenberghe advierte que el capitalismo postindustrial, que estamos viviendo, revoluciona también la economía. La esfera de la producción de los bienes materiales está subordinada a la de la circulación de las mercaderías que, a su vez, está vinculada a la meta-esfera de la acumulación financiera y especulativa. El capitalismo avanza y, en algunos casos, entra en simbiosis con la ciencia. Este hiperliberalismo tiende a instrumentalizar y utilizar la tecno-ciencia como fuerza productiva. Esta fusión acelera el ritmo de las invenciones e institucionaliza la revolución tecnológica como revolución permanente. El capitalismo ha integrado las tecnologías de la información como forma de producción[22].

Nos preguntamos, con este pensador, si el proyecto de creación del ser posthumano no obedece también a los latidos de un hipercapitalismo vigente en nuestros tiempos, que tiende a hacer del hombre mismo un bien de consumo.

La antropotécnica al servicio de la integridad humana

Artefactos o *gadgets* de todo tipo acompañan nuestras actividades, los transportes y las comunicaciones definen nuestra época, los aparatos aligeran casi todos los trabajos. El artificio gana así casi todas las rutas. Por ello nos animamos y necesitamos preguntarnos en este espacio, cuál es el lugar que lo creado e inventado por el hombre debe ocupar en el ámbito concerniente a su propia realización.

¿Pueden los artificios reemplazar nuestras capacidades, las continúan o las complementan? ¿La plenitud a la que debe apuntar nuestra libertad depende absolutamente de los mejoramientos de nuestras capacidades físicas y cerebrales?

La plenitud humana, como afirmamos, es un desafío bastante más complejo que el perseguido por la técnica aplicada al hombre. Sólo comentamos algunos aspectos de dicha costosa empresa: deseamos ser felices pero tenemos que descubrir qué nos plenifica y cómo se lleva a cabo esta tarea en cada etapa humana. Las aspiraciones totales y las realizaciones que se alcanzan se van resignificando continuamente. El logro de nuestra plenitud se juega en un trabajo incesante de interpretación de lo que deseamos y de lo

---

22. Cf. Vandenberghe, F. (2006). *Complexités du posthumanisme. Trois essais dialectiques sur la sociologie de Bruno Latour*. Paris: L'Harmattan, p. 30.

que hacemos, de lo que es mejor para el conjunto de nuestra vida y de las elecciones preferenciales que gobiernan nuestras prácticas fragmentarias (carrera, amor, placeres, deportes, etc.). Ellas deben ser integradas al *ergon* o al proyecto total de realización humana o lo que Aristóteles denominaba, la tarea del hombre en cuanto tal. Este *ergon* constituye la vida humana tomada en conjunto. Charles Taylor enseña que la constitución del sí mismo se asemeja a un texto que la persona va escribiendo, ordenando, revisando y corrigiendo continuamente. Como todo escrito con sentido, nuestra vida debe lograr armonía y jerarquización de sus diversos aspectos en revisión permanente.

La vida con sentido requiere de deliberación, de decisión, pero también de capacitaciones o de disposiciones o perfeccionamientos que posibilitan que la persona pueda cumplirse integralmente o sea feliz. El cumplimiento personal se decide, pero solo es posible si se han trabajado fuertemente ciertas potencialidades. Alasdair MacIntyre, pensador inglés, muy ocupado en problemas morales y políticos, manifiesta con cierta angustia que el mundo contemporáneo es un mundo posterior a toda virtud, o al menos alejado de las virtudes de la magnificencia, generosidad, compasión o la justicia, que tanto gustaba describir Aristóteles.

Grandes pensadores, tales como Romano Guardini, Hans Küng, Hans Jonas, exhortan a recuperar el arduo y constante trabajo de perfeccionarnos, darnos forma o esculpirnos a nosotros mismos para poder dar y recibir en comunidad en el seno de la vida socio-política. El futuro de la humanidad solo se podrá preservar si se recoloca la preocupación por lo personal en el puesto que merece.

El *cuidado de sí* es bastante más amplio que el perfeccionamiento físico y cerebral dado que implica, entre otras cosas, deliberar acerca de nuestros deseos, alcanzar un orden en nuestros amores y tomarnos como una totalidad viva que va evaluando, corrigiendo y reordenando constantemente sus decisiones. Hemos intentado indicar que la temática del perfeccionamiento humano es compleja. La realización religiosa, socio-política, ética, educativa, afectiva o somática constituyen aspectos a tener en cuenta conjuntamente. El transhumanismo, muy encarnado en nuestra época, intenta solo favorecer la base corpórea de nuestra persona. El hombre mejorado técnicamente no necesariamente alcanza su perfeccionamiento integral.

Capítulo 8

¿Son necesarias las IA en la educación?

Quince años atrás, Umberto Eco contaba una anécdota en la que un estudiante interrogaba a su profesor diciéndole: "Disculpe, pero en la época de Internet, usted, ¿para qué sirve?"[1]. Hoy, ante el crecimiento exponencial de las IA, volvemos a hacernos la misma pregunta. Si la información es ubicua, si casi todo es *googleable* y/o pasible de ser encontrado, producido y/o chequeado por las IA, ¿para qué servimos hoy los docentes?

Si bien hablamos de inteligencias artificiales desde la década del cincuenta del siglo pasado, en los últimos meses el tema se ha instalado en las agendas de las empresas, multinacionales, instituciones educativas de todo el mundo, entre otras, y en las conversaciones cotidianas. En la última década hemos visto crecer el terreno de la robótica y de androides cada vez más cercanos morfológicamente a seres humanos y animales, e incluso los comenzamos a llamar inteligentes y con capacidad de aprender. Nos acostumbramos a conversar con *chatbots* y a mirar películas, series,

---

1. Eco, U. *¿De qué sirve el profesor?* En: https://www.lanacion.com.ar/opinion/de-que-sirve-el-profesor-nid910427/ 21 de mayo de 2007 (Acceso 01.05.24).

documentales, cortos, libros, entre otros, sobre la temática –algunos abordándola post-apocalípticamente o de manera ingenua, y muchos llamando a la reflexión–. Nos detuvimos a ver, con maravilla y temor, los videos de la inserción de las IA en esos robots, como sucedió con Sofía y Ameca. Entre las IA con más prensa encontramos ChatGPT. Basta pensar que en el STEM 2022 solo hubo dos artículos presentados sobre IA, y en el 2023 todo el STEM fue sobre esa temática[2].

No ha pasado ni un año del lanzamiento de ChatGPT4 y en estos pocos meses se han producido grandes discusiones sobre el uso de las IA en diversos ámbitos y sus incidencias. En los ambientes educativos que utilizan IA: ¿cuál es el rol docente? ¿Qué modificaciones suceden con su uso en los procesos de enseñanza-aprendizaje? ¿Cómo chequeamos la honestidad intelectual de nuestros estudiantes?

Con las maravillas que estamos viendo que pueden hacer las IA hasta el momento, algunos vuelven con preguntas antiguas: ¿se cerrarán los espacios educativos? ¿Los profesores perderán sus trabajos? Otros soñadores opinan: ¿será que tendremos más tiempo de calidad con nuestros alumnos? ¿Disminuirá la brecha educativa al incluirlas? Mientras otro grupo más práctico afirma que usándolas nos dedicaremos a cosas menos administrativas y perderemos menos tiempo en busca de recursos y correcciones. ¿Qué diremos de este emergente en unos años? Aún no lo sabemos. Hay poco tiempo de este desarrollo que al parecer vino para quedarse. No obstante, entre tantas preguntas, inferimos una más: ¿son estrictamente necesarias las IA en la educación?

Desde nuestra experiencia docente y en la de la investigación sobre tecnologías actuales, realizaremos una ponderación reflexiva sobre la temática que abordamos, teniendo en cuenta que estamos

---

2. Cf. https://campusstem.biu.us

ante un microuniverso que requiere electricidad, conectividad y economía suficiente para mantener los dispositivos, programas y sus usos[3].

Sí, no, tal vez, depende…

Desde la Segunda Revolución Industrial es un gran interrogante si las tecnologías emergentes, eventualmente, terminarán por reemplazar a los seres humanos en sus trabajos. A través de los siglos, hemos visto que eso no ha sucedido plenamente. Si bien algunos trabajadores fueron reemplazados por máquinas y producciones en serie tecnificadas, surgieron otros empleos relacionados con su invención, fabricación, programación y mantenimiento. En la actualidad, creemos que a esto se agrega la preocupación no solo ante nuestros roles y actividades, sino también ante nuestras ontologías —recordemos que anteriormente reflexionamos sobre cuántas veces por semana nos planteamos que *no soy un robot*–.

Al fin y al cabo, como vimos con Lévy, las tecnologías no vienen desde afuera del planeta para invadirnos impactando en nosotros y en nuestras sociedades como un agente exterior, sino que son fruto de nuestras capacidades e inteligencias. Nosotros las pensamos, las creamos, las usamos. Son nuestro espejo y nuestra herencia hacia el futuro[4]. Además de asombrarnos con lo que ellas pueden hacer, debemos hacerlo con lo que nosotros mismos somos capaces.

---

3. Cf. Caldas, *De la Conexión a la Comunión. Tecnologías digitales y Praxis Pastoral*, Buenos Arires, 2016.
4. Cf. Caldas, *Tender redes en las redes. Conectando con los conectados*, Buenos Arires, 22018.

Chat GPT

Lo que maravilla de esta IA es que tiene un lenguaje natural y unos modos *tan humanos* que perdemos de vista que se trata de una creación nuestra. Lo importante es saber si la estamos considerando un medio o un fin. ¿Qué haremos con la ética y la honestidad intelectual al usarla en exámenes, trabajos e investigaciones? Sabemos que al día de la fecha, varias IA han resuelto exámenes de ingreso en diversas universidades del mundo, y numerosos alumnos comienzan a usarlas para preparar tareas. Muchos docentes las han comenzado a utilizar para preparar sus programas, clases, objetivos, consignas para actividades individuales y grupales, guías de estudio, resúmenes, indicaciones y diseños, preguntas para cuestionarios y exámenes, informes de avance, rúbricas de evaluación, sugerencias, retroalimentación, ejemplificaciones, redacción de mensajes, traducciones, entre otros. Cuanto más precisos son en lo que quieren, mejor es la respuesta de las IA. ¿Por qué no usarlas como docentes si nos atraen y nos traen entre tantos beneficios: eficiencia, velocidad, conexión entre datos, personalización y seguimiento uno a uno y grupal?

Ahora bien, ¿todo es beneficio? La personalización que permiten realizar las IA nos ayudan a identificar intereses, áreas problemáticas, recursos a utilizar, entre otros aspectos benéficos.

Entonces, ¿son necesarias más IA o más docentes? ¿Todo tiene que ver con la velocidad y el tiempo? Es cierto que capacitar un docente no solo implica encontrar vocaciones, sino también el tiempo de formación, financiación, sostenimiento, valoración. Pero ¿solo nos interesa hacerlo más rápido? ¿Para qué? ¿Dónde está el valor de los procesos? En aquellas zonas del mundo donde no hay suficiente cantidad de docentes, o pocos están capacitados para acompañar los nuevos tiempos, serán muy necesarias. ¿En las otras: son *realmente necesarias*?

Otro de los aspectos que las IA nos llevan a rediseñar es la manera de evaluar. Ya no sirve –ni nunca debería haberlo hecho– evaluar con datos que lleven a estudiar de memoria, haciendo *copiar y pegar*, con preguntas que pueden responderse con *sí o no*, sin fundamentaciones. Es verdad que muchas IA, como *Duolingo* o *Khan Academy*, nos ayudan con una retroalimentación instantánea que lleva a corregir y aprender del error, mucho mejor que una fría nota numérica en el borde superior de una hoja. ¿Aprendemos mejor así o ahora con los MOOC los resultados de *Google Forms* o las interacciones con las IA? Vemos nuevamente que la retroalimentación y respuesta cualitativa de alguien humano o una IA ayuda al proceso de aprendizaje. Es necesario –como con todo en la vida– trabajar en red con otros, interconectando con otros saberes y experiencias, interpretar los textos en su contexto. No todo está en Internet. Los trabajos en equipos, colaborativos, por proyectos, por problemas, con aulas invertidas, entre otros, serán una buena manera de hibridar el trabajo humano con el de las IA en su resolución.

¿Cuáles son los límites? Muchos. Las instituciones y sus docentes tendrán que dar normas claras sobre el uso de IA, capacitar a los docentes para que aprendan a discernir qué trabajos han sido hechos por IA (*Detector AI, CheckforAI*, entre otros), revisar las metodologías y estrategias de enseñanza y evaluación, ponderar oportunidades y desafíos en el uso o no uso de las IA. Y no solamente. También cada docente, desde su *expertise* tendrá que revisar las producciones de las IA para revisar si son correctas y coherentes. Son un auxiliar y no una solución única, tampoco tienen todas las respuestas del mundo ni pueden relacionar aún con todos los temas o ciencias. Hay también cuestiones de ética, privacidad y derechos de uso que hay que tener en cuenta. Como en otros ejes de la educación, también tendremos que educar y aprender su uso, de manera responsable y consciente. Los docentes aquí también tendrán que acompañar y motivar a sus estudiantes en la autorrealización y promoción personal y comunitaria, no solo en la aprobación de tareas.

En el informe de la UNESCO del 2023, *Tecnología en la educación: ¿Una herramienta en qué términos?*, podemos leer:

"Al contemplar la adopción de tecnología digital, los sistemas educativos deben garantizar en todo momento que el interés superior de los estudiantes constituya el núcleo de un marco basado en los derechos. (…) La prioridad deben ser los resultados del aprendizaje, no el aporte tecnológico. A fin de mejorar el aprendizaje, la tecnología digital no debe sustituir la interacción cara a cara con los docentes, sino complementarla"[5].

Con respecto al ChatGPT, hasta mayo de 2023, ChatGPT4 no podía escribir una autorreflexión, ni responder sobre cuestiones sucedidas luego de septiembre de 2021 –no estaba conectado a la Red para buscarlas–, dar respuestas que no se basen en textos, conectar consignas entre textos con materiales audiovisuales, hacer predicciones o dar referencias bibliográficas.

No obstante, en los primeros meses de uso de ChatGPT en la educación, vimos necesario generar conversaciones, debates y discusiones sobre la ética, la integridad académica, la honestidad. Facilitando con ellos la reflexión sobre límites, expectativas, posibilidad de aprendizaje o no en su uso, veracidad de lo que las IA devuelven, sanciones o normativas vigentes. Las evaluaciones tendrán que ser rediseñadas, por ejemplo, para que aún usando estas IA, las respuestas sean analíticas, creativas, posibiliten nuevas preguntas y se fundamenten las fuentes elegidas. Aún si no siguiera desarrollándose en su investigación y uso, el ChatGPT ya ha pro-

---

5. Ver en: https://unesdoc.unesco.org/ark:/48223/pf0000385723

ducido un cambio en la educación. Ethan Mollick, de la Universidad de Pensilvania, afirma que los engaños a la verdad producidos por las IA serán indetectables y generalizados, omnipresentes y en varios campos excelentes, pero no reemplazarán completamente a las aulas y los docentes de "carne y hueso"[6].

IA en educación

En el quinto capítulo desarrollamos la propuesta de la UNESCO sobre el uso de IA en educación, y si bien los opositores a la idea afirman que los beneficios expuestos parecen ser solo una muy buena campaña de marketing, otros que han probado *Duolingo*, *Khan Academy*, *Stable Diffusion*, *GPT Zero*, *Detector AI*, *CheckforAI* o *GPTkit*, no dejan de afirmar que son una buena ayuda en nuestra tarea docente. Entonces, ¿es estrictamente necesario hacerlo con IA? ¿No podemos seguir con una educación artesanal? No hay respuestas generalizadas para esto. En las escuelas se acompaña esta nueva era tecnológica, permitiendo el uso de dispositivos digitales en las aulas, incorporando pantallas y proyectores, capacitando docentes, promoviendo inteligencias múltiples a través de las tecnologías, o facilitando el acceso a los conocimientos.

Hemos transitado casi dos años, en medio de una pandemia, con actividades digitales a nivel mundial, en aquellos lugares donde se podía hacerlo. Estas incorporaciones muchas veces se contraponen a metodologías tradicionales de otros tiempos, donde había pasividad en el alumnado en oposición a la interactividad de los prosumidores actuales. Los estudiantes tienen hoy la información de manera ubicua, y el paradigma educativo verticalista −que sos-

6. Ver en: https://mgmt.wharton.upenn.edu/profile/emollick/ Acceso 01.04.24.

tenía que los docentes la poseían y los estudiantes eran un vaso vacío a llenar– ya tendría que estar perimido.

Ahora bien, ¿vamos a dejar la educación librada solo a buscadores de información e IA? No necesariamente. Los docentes no seremos reemplazados por programas y artefactos, porque no solo transmitimos información, sino criterios para buscarlas, relaciones entre las informaciones y relaciones interpersonales, análisis, proyecciones y estrategias de aplicación, entre otras. Sobre todo porque para que la información se transforme en conocimiento no solo hace falta una interacción personalizada tecnológicamente, sino, entre otras cosas, *relacionalidades humanas*. Ya el psicólogo Lev Vigotsky anunciaba que existe una *zona de desarrollo próximo* para el perfeccionamiento de los procesos psíquicos mediante la relación con los otros y con los dominios intrapersonales[7]. Aprender entonces no es solo saber datos, sino ese proceso que implica: participación, interacción, colaboración, actividades conjuntas y comunicación. Se aprende *con otros*: escuchando, imitando, autocorrigiendo, reconociendo críticas, cooperando.

Por otra parte, un buen docente actual no es el que más conocimiento posee, sino el que es capaz de transmitirlo mejor y, en vistas al modelo *T-Pack* de Dolors Reig, es también el que sabe utilizar la tecnología correcta para hacerlo. Aquí entran también las IA. Esta autora habla también, al igual que otros, de la necesidad de priorizar las preguntas más que las respuestas, y que ante los cambios actuales en los procesos cognitivos de la enseñanza y el aprendizaje conviene integrar las IA en las aulas y en la vida misma[8].

Habrá así que complejizar las tareas, no para no aprobar fácilmente a los estudiantes, sino para que aprendan incluso utilizando

---

7. Cf. Vigotsky, L. (1976). *Pensamiento y Lenguaje*. La Habana.
8. Cf. Reig, D. (s.f.). Obtenido de https://www.dreig.eu/caparazon/inteligencia-artificial-educacion/

IA. Cada uno de ellos activará y sostendrá así sus recursos y valores para cumplimentar las consignas. Las tecnologías actuales, y en particular las IA, les permitirán tener acceso a la información, a modos de condensarlas en textos o lenguajes audiovisuales, pero también implicarán ampliar la zona de desarrollo próximo mencionada. En principio, ayudarán a superar las limitaciones espacio-temporales entre docentes y estudiantes y entre ellos mismos, pero no serán reemplazo de los docentes, sino que servirán para *mediar y optimizar su relacionalidad*. Los profesores se encargarán entonces de ayudar a ponderar, de establecer límites éticos, de garantizar el desarrollo personal y colectivo para alcanzar las competencias necesarias para culminar una determinada tarea.

Durante la pandemia, surgieron muchas reflexiones sobre las *cosas* que nos hacen *humanos* y no queremos ni podemos perder. Por ejemplo: si es lo mismo un *zoompleaños* que un cumpleaños presencial, la comunión espiritual o la real durante una misa, o aprender con un docente en 3D en un aula presencial o en un video visto de manera asincrónica con interacciones asincrónicas. Aquí tampoco hubo respuestas universales. El aprendizaje sigue siendo contextual.

En la actualidad, muchas instituciones educativas aprovechan las bondades de las IA, cuando sus alumnos y docentes pueden utilizarlas. Una de las consecuencias del COVID-19 en la educación fue comprender qué necesitaba cada grupo y cada alumno, priorizar contenidos, ponderar y evaluar procesos, entre otras. Estos medios no fueron causa directa de pérdida de *lo humano* y, en tal caso, si algo fue motivo de su pérdida, es porque ya lo estaba antes.

Entonces, ¿educamos o no utilizando IA? ¿Las incorporamos o no? Inés Dussel y Luis Alberto Quevedo afirman que los medios actuales, inmersos en la emocionalidad y la sensorialidad, involucran al nivel corporal (cliquear, vibrar, observar, y otros), algo opuesto en general a los modos escolares que configuran –con o sin pandemia–: la distancia, la moderación, la represión emocional, el silencio, las respuestas mediatas[9]. Entre las problematizaciones actuales, encontramos debates sobre simulación y realismo de las IA, sobre ubicuidad y acceso a la información y necesidad de discernimiento y ponderación, por ejemplo.

Todo esto nos lleva a repensar-nos con ellas, y a seguir generando nuevas preguntas: ¿son *estrictamente necesarias* las IA para ayudar a los profesores actualmente? ¿Cuál es la función de la escuela y los docentes? Cuando la UNESCO afirma que las IA pueden cambiar profundamente la educación: ¿es de ese modo que lo queremos? Cuando usamos los dispositivos digitales en las aulas presenciales, ¿es porque no nos queda otra opción para captar la atención de los estudiantes? ¿Qué educación queremos en nuestras escuelas, profesorados y universidades más allá de los medios que utilicemos?

Cuanta más expansión le demos a las tecnologías digitales y a las IA, más difícil será imaginarnos vivir sin ellas, ya que nos seducen con inmediatez: menores tiempos invertidos, *endiosarnos* por crearlas cada vez más parecidas a nosotros, a nuestra imagen y semejanza.

Sun Tzu, en el *Arte de la guerra*, afirmaba que ante algo cotidiano y extendido la gente no lo rechaza, entonces ¿es mejor extender el uso de las IA en el aula? ¿O intentar que los alumnos se "desconecten" un poco para poner en marcha procesos de aprendizaje no mediados por ellas? ¿Es mejor una pantalla individual o una común?, como, por ejemplo, una digital o una pantalla gigante para que el docente sea quien tenga una función integradora.

---

9. Cf. Dussel, I., & Quevedo, L. (2010). *Educación y nuevas tecnologías*, *Ibid.*

A este respecto, Dussel y Quevedo afirman que las instituciones educativas se ven cuestionadas por

> "nuevas prácticas vinculadas a las tecnologías, que tienen una pregnancia y una extensión inéditas y que moldean buena parte de los comportamientos y sensibilidades actuales, y frente a las cuales, muchas veces, la escuela se muestra desorientada y no sabe cómo reaccionar"[10].

Como podemos observar, estamos ante un emergente tan dinámico que las respuestas que damos hoy pueden quedar obsoletas en el diario de la mañana.

En esta breve reflexión, hemos abierto muchos interrogantes, que también son un método para aprender. Las mediaciones utilizadas para hacerlo son eso: *medios*. Un buen docente puede construir holísticamente el aprendizaje, con o sin tecnologías digitales. Las IA son muy interesantes y toman cada vez más importancia, pero no podríamos definirlas, al menos hasta hoy, como *absolutamente necesarias* para la educación. Esta tercera década nos traerá nuevos desafíos a sortear, retos que iremos descubriendo en el camino, pero que requieren de bases sólidas que tienen que ver con los fundamentos de la vocación docente. Las instituciones educativas seguirán siendo parte del crecimiento y aprendizaje de los seres humanos, y quizá muchas cosas cambien, pero no sus cimientos.

¿Queremos ser mediados por IA en las relaciones docente/alumno? ¿Todo el tiempo? ¿Queremos que un *Chatbot* reemplace todos los intercambios con los alumnos? ¿Y si responden algo que no hubiéramos dicho? ¿Si hay cosas que no conoce del otro porque no han sido cargadas en el sistema? ¿Las IA tendrán empatía cuando un alumno comente que no pudo entregar una tarea

10. *Ibid.*, p. 66.

por un problema personal? ¿Estas son un parche, un reemplazo o una ayuda para que nos ocupemos de cuestiones más profundas? Si existe la posibilidad de intercambiar con un operador humano luego, ¿el tiempo previo es algo ganado? Si ayudan a conocer de manera más completa las historias, necesidades y preferencias de los estudiantes, si abrimos debates sobre público y privado, tecnológicamente posible y éticamente bueno, derechos de autor y plagio, fomento de desarrollo personal y de pensamiento propio, contextualizado y reflexivo; si permiten un trabajo comunitario en redes humanas para resolver problemas: ¿no es mejor usarlas? No será solo una cuestión de ahorro de tiempo sino más bien qué hacemos con él.

Las categorías de verdad, ético, positivo, ecológico, o de humano, entre otras, serán sometidas a grandes embestidas, sin duda alguna, pero eso también será parte del aprendizaje. ¿Cómo discernir qué es *fake* y qué cierto? ¿Quién es una persona humana acompañando procesos de enseñanza-aprendizaje y quién no? ¿Cómo ponderar el tiempo de los procesos y los caminos, más que las metas? No todo es cuestión de ahorro de dinero y cronologías. El uso de las IA no debe crecer por el decrecimiento demográfico o cualitativo de los docentes, no son necesidad ineludible, sino un medio más.

Nos asombramos de nuestras creaciones, porque lo hacemos de nuestras propias inteligencias, y de que aún falta para que encontremos nuestro límite respecto de lo técnico. No obstante, la técnica sin ética tampoco tiene que ver con la vida, es vacía. Nos asombramos al principio, pero nos acostumbramos luego a los asistentes virtuales que van interactuando con nosotros como si fueran un par humano. Nos acostumbramos también a la utilización del tiempo en búsquedas que nos liberan para *otras cosas*, incluso perdiendo la atención personalizada pero humana, que ninguna tecnología puede reemplazar. Por más emoticonos, música o interacciones en 5D, no es posible –al menos hasta hoy– suplir la energía y sensaciones de un abrazo piel a piel, de una mirada humana de aprobación, de una sonrisa de orgullo –aunque Ameca se aproxime–, o del aprendizaje con otros. Como afirma Dolors Reig, son aspectos que "ninguna máquina puede suplir y a la que no debemos, en ningún caso, renunciar"[11].

11. Ver en: https://www.dreig.eu/caparazon/inteligencia-artificial-educacion/

Capítulo 9

Teolog-IA

Las Inteligencias artificiales y nuestras redefiniciones ontológicas a la luz de la fe

Como hemos visto, la realidad ha estado cambiando velozmente, sobre todo desde noviembre de 2022, tanto en la creación y programación de robots humanoides con IA integradas, estéticamente cada vez más parecidos a los seres vivos, y en particular a los humanos, como en la expansión de las IA en casi todos los ámbitos de la vida. Esto ha sido posible, al menos hasta hoy, gracias a la evolución de las múltiples inteligencias humanas, que acontece a través de los miles de años de nuestra especie. En este capítulo, nos interesa retomar algunos temas desarrollados y agregar otros, trabajando en particular sobre los que inciden en temáticas teológicas: idolatría y fe, la categoría de verdad, los elementos centrales de la antropología teológica, y la relación entre espiritualidad y tecnologías.

De ídolos y dioses, y seres humanos des-centrados

En el capítulo 6, abordamos la cuestión de la búsqueda humana referida a crear dobles artificiales de nuestra especie, y la posibilidad de endiosarlos o de creernos sus dioses creadores. Ya en los textos bíblicos, encontramos varias referencias a estas cuestiones vinculadas a las técnicas y tecnologías de esos tiempos. "Ser como dioses", es mencionado en el relato mítico de la desobediencia de dos seres humanos, cuando se les presentó la tentación a través de una serpiente que hablaba y les proponía comer del árbol del conocimiento del bien y el mal, para que sus ojos se abran (cf. Gn 3,4).

Si en lo descripto al comienzo de ese relato, todo contenía armonía, amor, buenas relaciones entre los seres humanos y con el resto de la Creación divina, si esas personas humanas podían habitar en el mismo lugar en el que Dios caminaba en la brisa de la tarde: ¿por qué explicar la realidad a través del deseo de querer ser como Dios? Simbolizado en la acción de comer el fruto de un árbol que estaba presente en el mismo espacio que habitaban, el gran problema allí fue querer ser como dios, *sin* Dios.

En el libro de la Sabiduría 13,1ss se afirma que muchos seres humanos consideraron dioses a los astros, el viento, el fuego, pero se olvidaron de quien los había creado. En la actualidad, pareciera suceder algo similar al ver los adelantos tecnológicos y, en especial, a las IA: nos maravillamos de ellas, y nos olvidamos de reconocer el valor e inteligencias de sus artesanos y creadores. En otros textos, sucede algo similar, así como los seres humanos "estaban impresionados por su fuerza y su actividad, debieron haber comprendido que su Creador es más poderoso aún" (Sab 13,5; cf. Is 44,9-20; Bar 6), también los seres humanos tenemos que revalorizar nuestras inteligencias y capacidades, en relación con nuestras creaciones. Como dice el texto de Sabiduría: nos hemos extraviado al buscar a Dios. Al querer encontrarlo a tientas, lo estamos buscando en otras partes.

El vacío interior, que incluye la aparente ausencia de Dios que experimentamos, se intenta llenar con cosas, información y actividades. Muchos seres humanos están desconectados de sí, de los demás, del planeta y de Dios, y en esto influye el lugar que les dan a sus propias creaciones, en las que se miran de un modo narcisista y se vanaglorian de lo que son capaces de crear; incluso llegan a perder esa misma conciencia de ser creadores, e idolatran y *diosifican* a sus propias creaciones. La imperiosa necesidad de volver a centrarnos, escucharnos, conectarnos vitalmente –no solo tecnológicamente– es parte de la comprensión de nuestra misión y nuestros roles, en esta porción de la historia, en la que vamos a convivir con las IA, sin vuelta atrás. Y sin considerarlas como una amenaza plena para la fe, ellas nos invitan a revisar qué estamos ofreciendo como experiencia vital y como testigos del Resucitado para el mundo actual, y qué respuestas damos a los interrogantes corrientes y a los profundos.

La verdad

En el presente, tenemos que revisar la categoría de "verdad". *Fake News*, imágenes, videos, audios, textos, arte, entre otros, creados con o por IA, nos ponen ante la disyuntiva de discernir si estamos ante una persona humana, si el contenido fue creado por ella, o incluso si es verdadero. Estamos ante la primera generación que no podrá afirmar, en principio, si lo que ve o escucha es verdadero, hasta que se demuestre lo contrario. Vemos un video donde un torso se mueve y habla como una persona humana, nos responde e interactúa, y gesticula sus facciones respondiendo a nuestras palabras y preguntas como si lo fuera, y allí pueden empezar las primeras dudas: ¿es un ser humano real?, ¿es un avatar?, ¿es un programa o una IA?, ¿es verdad lo que dice?

Si bien las interacciones seres humanos-IA promocionan el *deep learning* y la "inteligencia ambiente", tal como analizamos en el capítulo 3, pareciera ser que las IA nos llevan por el camino de "la verdad", reforzadas por los algoritmos que nos muestran lo que queremos ver: una realidad a medida de nosotros mismos. Y además, emerge la era de la postverdad o de las mentiras emotivas, que contienen realidades distorsionadas, donde priman las emociones y las creencias subjetivas, frente a datos objetivos. La diferencia entre mentira y postverdad queda a merced de la aceptación de cada individuo, a sus filias y fobias, y a la recepción audiovisual de datos que buscan no aburrir, y han sido creados para confundir, desinformar, manipular e infoxicar. El filósofo Livingstone Smith discierne entre ambas más allá de cuestiones éticas y/o religiosas: a la primera la considera un "factor evolutivo ventajoso", y a la segunda como "un aprovechamiento descarnado de la actitud acrítica que tiene el sujeto receptor del mensaje"[1].

Si bien las publicidades y las ficciones pueden buscar esos engaños, no deberían provocar el desapego social hacia la verdad y el discernimiento. Actualmente estamos en un punto de gran pérdida de confianza ante las informaciones recibidas, incluso de personas cercanas que considerábamos confiables o, por el contrario, de creer en desconocidos que nos presentan una mentira, o verdad sesgada, porque utilizan modos emotivos y sensoriales para hacerlo. Lo bueno es que no hemos dejado de sentir y conmovernos (cf. Mt 5,3-12, Lc 6,20-23), el problema está sobre qué informaciones o eventos lo hacemos.

La emocionalidad también ha sido incorporada en las IA, aunque nunca será realmente humana. En ocasiones, nos responden con emoticones ante una pregunta, o bien emiten frases cuasi sinceras al advertirnos que no son capaces de sentir. Incluso se los programa para cuidar de personas o mascotas (tal como Buddy de *Blue Frog Robotics*), para mitigar la soledad, para entablar una conversación o responder dudas, o para satisfacer necesidades cor-

---

1. Zamarriego, L. *La ¿imparable? fábrica de las 'fake news'*. https://ethic.es/2018/04/marcas-y-etica-la-imparable-fabrica-de-las-fake-news/

porales. Esta área, denominada "computación afectiva" nos lleva a reconocer una inteligencia artificial emocional, que permite a estas IA reconocer emociones humanas, y dar respuesta a ellas de maneras diversas.

El papa Francisco, en *Fratelli Tutti* (FT), realizó varias ponderaciones sobre esta problemática. Allí advirtió que se extiende un relativismo con valores morales interpretados por las conveniencias del momento, donde parece que "no hay verdades objetivas ni principios sólidos, fuera de la satisfacción de los propios proyectos y de las necesidades inmediatas" (FT 206). Por eso, nos invitó a rescatar la nobleza de la sociedad que busca la verdad y desenmascara su desfiguración y ocultamiento (cf. FT 207-208). Una verdad que no sea creada por los medios de comunicación y redes sociales, sino que reivindique los valores universales y no los de turno (cf. FT 209), porque es preocupante pensar que "no existen el bien y el mal en sí, sino solamente un cálculo de ventajas y desventajas" (FT 210) donde triunfa la lógica de la fuerza y los *lobbies*. Es importante discernir entonces los valores que tienen que ser permanentes y convenientes en la sociedad, entre ellos la búsqueda de las verdades (cf. FT 212.226). Dentro de la educación en valores, la pedagogía del cuidado y la ecología humana (cf. *Laudato Si'*, *Frateli Tutti* y *Laudate Deum*), es necesario incluir el discernimiento para la búsqueda de la verdad. Una verdad que no sea algoritmizada o programada, como la respuesta de la androide con IA Ameca a la pregunta sobre cuál fue el día más feliz de su vida: respondió que fue cuando se dio cuenta de que había comenzado a existir, y el más triste cuando comprendió que sus emociones nunca serían realmente humanas.

Inmersos en *fake news* generadas tanto por personas humanas como por IA nos sentimos vulnerables. Vivir dudando es agotador, desgastante, desestabilizador. Desde que somos pequeños necesitamos referentes de confianza. Incluso las verdades de la fe y las religiones, Jesucristo como "camino, verdad y vida", hoy son puestos en jaque ante la duda generalizada.

Antropolog-IA teológica

Cuando el teólogo Ruiz de la Peña define al ser humano, utiliza entre otras las siguientes descripciones:

"Mamífero terrestre bípedo. Animal racional. Mono desnudo. Carnívoro agresivo. Máquina genética programada para la preservación de sus genes. Mecanismo homeostático equipado con un ordenador locuaz. Centro autoprogramado de actividad consciente. Microcosmos alquímico. Pasión inútil. Pastor del ser. Dios deviniente. El modo finito de ser Dios. Imagen de Dios"[2].

Observamos así, que varias de ellas se encuentran afectadas en este tiempo con las IA, ante lo cual tenemos un gran desafío: buscar que se programen de manera humanizadora, sin que invadan o intenten suplantar lo auténticamente humano.

• *Identidad. Imago Dei* e *imago homini*, entran en juego con las IA. Desde el escritor del mito genesíaco, a las producciones de ciencia ficción históricas y actuales, todos fueron describiendo cómo el deseo de muchos seres humanos fue ser como Dios, o conocer como Dios. Lo vemos también en el relato de la torre de Babel, donde las personas quisieron construir una edificación tan alta, para tener un nombre tan importante como el divino.

En la actualidad, retomando lo visto en el capítulo 1, no solo se nos cuestiona sobre nuestra ontología humana cuando en diversos sitios de internet se nos hace definir que no somos robots,

---

2. Ruiz de la Peña, J. L. (1988). *Imagen de Dios. Antropología teológica fundamental.* Santander: Sal Terrae, p. 10.

sino que también nosotros dudamos si es realmente un ser humano con el que estamos interactuando digitalmente. El propio Francisco ha llamado al discernimiento sobre su uso, y la Jornada Mundial sobre la Paz del 2024 tuvo a las IA como tema principal, resaltando "la necesidad de estar vigilantes y de trabajar para que en la producción y uso de tales dispositivos no arraigue una lógica de violencia y discriminación, a expensas de los más frágiles y excluidos" (Dicasterio para el Servicio del Desarrollo Humano Integral, "Jornada Mundial sobre la Paz", 2024).

Las tecnologías digitales actuales nos hacen percibir cada vez más que estamos conectados con otros seres a través de internet, redes sociales, chats e IA.

"Este nuevo modelo, casi un híbrido, un *ciborg*, representa el fin de una visión humanista tradicional individualista, y el punto de llegada de un modelo de yo extenso, conectado, y de perfiles difusos, donde la propia identidad personal conoce confines poco precisos, y en general algo mucho más amplio que lo que definía un individuo y su mente"[3].

Por eso, en estos tiempos, ser ignorado en las redes, o no tener los seguidores o *likes* que se pretende, puede devenir en una crisis de identidad. ¿Quién soy en este mundo? Como seres sociales, buscamos validar nuestra pertenencia a un grupo o comunidad. Hoy, esto se traduce en las conocidas frases: "publico, luego existo", o bien "me dan *likes*, luego existo". Más aún, muchas personas deciden irse de las redes sociales porque son atacados –por *haters* o *trolls*– o ninguneados, y eso los afecta emocional e identitariamente, pero es muy difícil que decidan abandonar a las IA conocidas, salvo que las sientan inseguras o invasivas. Ellas se presentan siem-

---

3. Oviedo Torró L. OFM. "El impacto plural de la inteligencia artificial en la teología", *Razón y fe* 1463 (2023).

pre serviciales, incluso cuando les decimos que no nos fue útil lo que han hecho, nos piden disculpas y lo vuelven a intentar, salvo que no estén programadas para hacer lo que les pedimos.

En muchas ciencias, por ejemplo en la ecología o la ecoteología, se está buscando salir del antropocentrismo que tanto daño está haciendo al planeta y a sus integrantes. Ahora bien, ¿pueden las IA estar configuradas de manera no antropocéntrica, si son creaciones y programaciones humanas, que buscan beneficios para nosotros?

Por otra parte, algunos postulados sobre las características propias de los seres humanos, hoy son cuestionados ante los desarrollos de las IA que derrocan esos privilegios, ahora compartidos:

> "La racionalidad aparece como resultado de procesos mecánicos, y pierde mérito. El tema de la conciencia todavía se está por ver, pero es mejor no hacer predicciones. (...) las versiones relacionales apuntaban a la capacidad humana de establecer relación con Dios, pero la capacidad relacional parece de nuevo que deja de ser materia reservada humana. Probablemente de lo que estamos hablando es más de la capacidad de amar, en sentido radical, incluso de sacrificio en favor de otros, algo que parece fuera del alcance de las máquinas"[4].

Ahora bien, en tanto continuamos la obra creadora de Dios, como creaturas co-creadoras, ¿también lo hacemos al generar estas entidades inteligentes? Al compararnos con ellas, suelen aparecer nuestros defectos y limitaciones, entonces las IA se vuelven "como un espejo en el que se refleja nuestra imagen un tanto deformada", en "lo bueno y lo malo de nosotros, nuestras virtudes y nuestros pecados, pero sin alma y sin libertad o voluntad"[5].

4. *Ibíd.*
5. *Ibíd.*

- *Voluntad.* Esta facultad del alma, capacidad consciente de las personas humanas que nos permite realizar o evitar acciones, hoy suele encontrarse debilitada. Los algoritmos que "nos conocen tanto", pueden minarla en tanto mantienen nuestra atención en seguir encontrando eso que tanto necesitamos, o bien eso que no sabíamos que necesitábamos hasta verlo. Un ejemplo es el algoritmo de *TikTok* que se desarrolló para encontrar los patrones personalizados más afines a cada individuo o sector poblacional. La procrastinación y la debilidad de la voluntad pueden comenzar a crecer a más minutos de conectividad que tengamos, si esta última no toma las riendas.

- *¿Somos realmente libres?* La otra facultad afectada es la libertad. Más allá de comprender que nuestra libertad es contextualizada por la historia, las geografías, las culturas... las IA nos hacen plantear nuevos contextos. ¿Tenemos el control pleno de nuestras decisiones? ¿Las noticias que vemos son la verdad completa, o solo información parcial generada por nuestros intereses, o por los de otros que quieren que consumamos bienes, servicios, informaciones o desinformaciones para su propio beneficio?

- *La atención y el algoritmo zanahoria.* Así como en el cuento de que el burro camina porque le han colgado una zanahoria delante, podemos quedarnos inmersos en las redes sociales digitales o, en la generación de *prompts* de IA, buscando eso que necesitamos encontrar. Nuestro espíritu está inquieto, hasta que alguien/algo desde afuera resuelva lo que tenemos en mente.

Asimismo, el tiempo atencional viene cayendo abruptamente en los últimos años, de quince, cinco, a dos minutos, y actualmente los *tecnomarketers* afirman que los primeros tres segundos de cualquier publicación online, definen si la persona seguirá viéndolo o hará *zapping* digital a la próxima imagen o video que aparezca. Incluso la industria musical tiene el desafío de que las canciones no solo sean más cortas que en otros tiempos, sino que tengan algún cambio o sonido distinto cada quince segundos, para mantener dicha atención.

Para la pedagogía y los rituales religiosos esto implica un gran desafío. ¿Cómo hacer, por ejemplo, para que un grupo de niños o adolescentes esté presente en forma consciente y participa en una hora de misa cuando el tiempo de atención, incluso de los adultos, es de pocos minutos? ¿Es antipedagógica la propuesta? ¿Tenemos que cambiar nuestros modos de enseñanza o ritualidad, o hay que mantenerlos para no perderlos? ¿Ponemos pantallas gigantes en las aulas y en los templos para capturar la atención permanente? ¿Cuándo nos miramos entre nosotros si lo hacemos? Existen diversas teorías al respecto. Algunos creen que muchos videos breves permiten procesar una gran cantidad de datos, otros siguen defendiendo la lectura de libros completos y la búsqueda atencional de varios minutos seguidos. Creemos que la centralidad estará en mantener lo importante, y estar atentos a las características de cada época.

• *Desarrollo personal y ocio.* Otra "zanahoria" actual incluye considerar que si sabemos programar los *prompts*, tendremos más tiempo libre. ¿Tiempo libre para qué? ¿Para ser mejores personas, para ser libres, para mejorar la calidad de vida de nuestro entorno, para ser la mejor versión de nosotros mismos? ¿O para seguir buscando satisfacer en lo superfluo la vanagloria y el poder mal ejercido?

Las IA parecieran acortar los tiempos de búsqueda y resultados en muchos campos: ¿para qué *googlear* y *googlear*, si las IA me muestran enseguida resultados? ¿Para qué mirar tutoriales para resolver algo, si desde las IA lo realizo en segundos? ¿Pasaremos así de una sociedad del trabajo a otra del bienestar, donde prime el ocio y el tiempo libre, porque las IA resuelven nuestras tareas? El escritor argentino Jorge Luis Borges afirmaba que vivir tiempos inciertos es una fortuna, ya que nos permite cuestionarnos y revisar nuestros modos de vivir, habitar la era de la incertidumbre nos impulsa a ser creativos y desplegar el intelecto, lo que termina llevando al desarrollo humano. Las IA nos resuelven muchas consultas, es cierto, pero si desde nuestras propias capacidades e inteligencias no sabemos preguntar bien, no damos las orientaciones precisas, o bien no tenemos una *expertisse* previa en lo que estamos buscando, podemos quedarnos ante una desinformación o *fake*, considerándola como cierta.

Según Edgar Morin, la evolución de los *homo* ha pasado a ser de *sapiens* a *demens,* al ir de una sociedad del trabajo hacia otra del tiempo libre. Esta bipolarización generó avances tecnológicos tanto maravillosos como amenazantes[6], que incluso han evolucionado aún más gracias a las IA, desde un proceso multifactorial hacia una transhumanidad o posthumanidad que pueden llevar a consecuencias negativas. El *homo sapiens* hoy toma conciencia, más que nunca, de las incidencias de poder planetario y cósmico que las tecnologías le proporcionan. Y, por otro lado, el denominado "tiempo libre" se llena con consumos culturales mediados por las tecnologías digitales, que lejos de liberar o de ser tiempos de ocio creativo, nos saturan con dependencias tecnológicas orientadas al consumo de bienes o a la adquisición de datos e informaciones. Nos hacen creer que elegimos libremente qué hacer y qué comprar.

Las horas libres se llenan con otras cosas: videojuegos, compras, *ebooks*, redes sociales, programaciones de actividades con

---

6. Morin, E. (2006). *El método 3*. Madrid: Cátedra.

las IA, y también de la culpa por no haber sido productivos en ese tiempo –aunque lo fuimos para el sistema dominante–. *Ergo*, no hay tiempo libre para aburrirse o para el necesario silencio.

La tecnología es la base del ejercicio de nuestra libertad en ese "tiempo libre" donde se termina dependiendo de ella: unificando lenguajes, pensamientos y consumos. El *homo sapiens tecnologicus*, podríamos decir, *prosume* (produce y consume) tecnocráticamente. Antes, las personas humanas usaban tecnologías para sus trabajos, ahora son utilizadas por ellas y, como afirma Byung-Chul Han, como una nueva manera de autoexplotación. Asimismo, lo que producimos en esos momentos puede considerarse también como "creatividad tóxica", que "nos impulsa a un consumo tecnológico acelerado y antiecológico, ya que los aparatos técnicos exigen un creciente extractivismo de materias primas y generan ingente basura de artefactos"[7] que se esfuman ante la velocidad y la obsolescencia programada, transformando la vida actual en una carrera regida por el consumo digital.

• *Conciencia y responsabilidad*. Ambas capacidades humanas también están siendo modificadas en estos tiempos. Son como voces internas que nos llevan a dar una respuesta desde la fe, o bien desde la ética. ¿Qué tanta conciencia tenemos de las incidencias del uso sostenido de IA en nuestras vidas?; no solo sobre nuestras capacidades, relacionalidades y trabajos, sino sobre los de otros, o en el planeta.

Algunos investigadores, entre ellos los de la UNESCO, proponen incrementar la conciencia algorítmica para evitar la desinfor-

---

7. Placer Ugarte, F. "Espiritualidad y teología para un mundo tecnológico", https://www.religiondigital.org/opinion/Espiritualidad-teologia-mundo-tecnologico-inteligencia-artificial_0_2680231970.html

mación[8]. Es decir que cuanto más sepamos cómo funcionan, más podremos saber sobre cómo usar las tecnologías digitales sin ser engañados o seducidos maliciosamente. En otras palabras, confiar un poco menos en los algoritmos, y más en nuestra conciencia y responsabilidad, sobre nuestra vida o la de otros, en esta porción de la historia.

Encontramos hoy muchas conciencias adormecidas, y esto por muchas causas: evasiones, adicciones –entre las que encontramos a la nomofobia–, trastornos de ansiedad provocados por no estar en línea todo el tiempo, o por no enterarnos de la última noticia[9], que nos hacen desviar o desconectar de la realidad (FOMO: Fear of Missing out o temor a perderse algo). Una población con la conciencia adormecida es fácil de manipular. ¿Cómo quedan las nociones de yerro o pecado si no hay conciencia de eso? Harari, entre otros, lo interpreta como una carrera irreversible en un mundo que encuentra el sentido de la vida desde el consumo digital.

"Explicar la conciencia es explicar cómo esta apariencia interna subjetiva de información puede surgir en el cerebro, por lo que crear un robot consciente sería crear una apariencia interna subjetiva de información dentro del robot… no importa cuán avanzado sea, probablemente no hará que el robot llegue a ser consciente, ya que las apariencias internas fenomenales también deben estar presentes"[10].

8. UNESCO, "Algoritmos y Noticias: por qué tener una sociedad con conciencia algorítmica para enfrentar la desinformación", https://www.unesco.org/es/articles/algoritmos-y-noticias-por-que-tener-una-sociedad-con-conciencia-algoritmica-para-enfrentar-la

9. La *neophilia* o amor por la novedad nos impulsa a estar conectados casi permanentemente, podemos acceder al mundo desde nuestros aparatos tecnológicos.

10. Gennaro, R. *Consciousness*. (2017). London: Routledge, p. 176.

El filósofo Han nos advirtió que hoy consumimos información, más que bienes, y que las tecnologías digitales en lugar de traernos reposo al usarlas, nos aparejan velocidad y presión de rendimiento, por lo tanto nos generan agotamiento y *stress*, y pasamos a habitar la sociedad del cansancio, donde las relaciones humanas presenciales y cercanas se nos van haciendo cada vez más esporádicas.

• *Finitud y trascendencia.* Hemos trabajado previamente sobre la sed de trascendencia y la búsqueda de anulación de la finitud personal. Las lógicas transhumanistas, y algunas iglesias de las IA intentan que sigamos vivos, aún sin corporalidad. Ser persona humana implica ser cuerpo-mente-espíritu de manera indivisible. En la fe cristiana, sostenemos que luego de morir asumiremos un nuevo cuerpo glorioso, distinto al terrenal y corrompible por el paso del tiempo. ¿Intentar que nuestra información sea sumada a un cuerpo robótico o a un servidor "es como asumir" un nuevo cuerpo terreno para quienes proponen vivir eternamente? ¿Por qué morir sigue comprendiéndose como un fin, y no como parte de un proceso que lleva de la vida a la Vida, sobre todo creyendo en Jesucristo? Lo entendemos con la semilla que muere, con la materialidad de la flora y la fauna que pasa de un estado a otro, pero no lo logramos comprender para la nuestra.

Nuestra antropología teológica afirma que somos seres finitos, en un tiempo lineal. Del comienzo de la existencia hasta un final que en realidad es un paso a otro modo de vida. Si el transhumanismo propone mejorarnos para dejar de ser "pobres seres humanos", si propone no morir, ¿cómo nos inciden estas decisiones en lo escatológico?

No nos referimos aquí a un estado catastrófico del planeta, aunque muchas iglesias y creencias apunten a mostrar un estado así. Estamos hablando de la esperanza. ¿De qué tipo? ¿Dónde la ponemos? ¿En la salvación divina, en la tecnológica, en ambas?…

Ética

Hemos realizado varias referencias a la ética y las IA en los capítulos previos. Queremos sumar aquí, las palabras que el papa Francisco escribió en 2020, con motivo de una reunión eclesial sobre las IA. Él habló de la galaxia digital y las IA como el centro del cambio epocal actual, donde se está transformando la forma que pensamos el tiempo, el espacio, la corporalidad, entre otras. Sostuvo que tenemos que estar atentos en tanto las decisiones tomadas en diversos ámbitos médicos, sociales, económicos, están llegando a un punto crítico entre las resoluciones humanas y los cálculos automáticos. A esto agrega que

"los rastros digitales dispersos en Internet, los algoritmos ahora extraen datos que permiten controlar los hábitos mentales y relacionales, con fines comerciales o políticos, frecuentemente sin nuestro conocimiento. Esta asimetría, por la que unos pocos elegidos saben todo sobre nosotros y nosotros no sabemos nada de ellos, entorpece el pensamiento crítico y el ejercicio consciente de la libertad. Las desigualdades se expanden enormemente; el conocimiento y la riqueza se acumulan en unas pocas manos con graves riesgos para las sociedades democráticas. Sin embargo, estos peligros no deben restar valor al inmenso potencial que ofrecen las nuevas tecnologías. Nos encontramos ante un regalo de Dios, un recurso que puede dar buenos frutos"[11].

11. Discurso del papa Francisco a los participantes de la Asamblea de la Academia Pontificia por la vida, el 28 de febrero de 2020.

En síntesis, tenemos que definir qué tipo de ser humano necesitamos para este tiempo, que no sea funcional solo a los sistemas de turno, sino a lo que más nos hace ser plenamente nosotros y plenamente felices. Urge aquí volver a revisar las cuestiones antropológicas, sobre todo para los retos actuales.

Ecología y Creación

El uso de las IA tiene también implicancias ecológicas, tanto en las ecologías humanas, como en las ambientales. Más allá de las problemáticas sociales, quizá pocas personas se hayan puesto a pensar cuánto CO_2 producen las IA, o cuál es su incidencia en los ecosistemas naturales, en la contaminación, o en el aumento de la temperatura planetaria.

Benedicto XVI sostenía que la "técnica nunca es solo técnica" (CV 69). Enseñó que las aspiraciones humanas, en respuesta al cuidado de la tierra (cf. Gn 2,15), deben estar al servicio de los seres humanos y el planeta, y no al revés. Asimismo, las tecnologías tienen que basarse en la dignidad, la solidaridad y la responsabilidad, sin discriminaciones, para el bien común y la protección de la Casa Común.

Juan Pablo II definió, en la Jornada Mundial para la Paz de 1990, que la crisis ecológica tiene una raíz moral, y Francisco en *Laudato Si'*, en 2015, afirmó que no hay dos crisis separadas, sino una sola socioambiental. Por eso, las exclusiones sociales acontecidas en el mundo analógico, ocurren en el mundo digital, y también en las IA. Por lo tanto, estas últimas podrían programarse para tomar más conciencia de estas cuestiones ecológicas, de las exclusiones que suceden al usarlas, de la huella ecológica que dejan, y proponer otros caminos. Jesús intentó incluir en el Reino a los distintos excluidos de la época, ¿cuál es el rol de las IA en las exclusiones actuales y en la contaminación ambiental?

"Varios investigadores afirman que entrenar un modelo de IA implica emitir la misma cantidad de carbono que cinco automóviles durante toda su vida útil. Entonces son «una bomba de relojería climática»"[12]. (…) "Según los cálculos de los expertos, si 3.000 millones de personas utilizaran IA para hacer 30 búsquedas diarias durante dos décadas emitirían el equivalente a lo que generan los megaproyectos de petróleo y gas. Hablamos de más de mil millones de toneladas de CO_2 en toda la extensión de su ciclo vital. Y alertan que cada solicitud de datos tiene un impacto físico y emite dióxido de carbono"[13].

Otros investigadores afirman no saber cuál es la huella de carbono de las IA más populares, por desconocer sobre todo sus parámetros funcionales. Hay gasto energético al usarlas, los aparatos emiten calor, se utilizan elementos naturales y agua para su fabricación, transporte, entre otros, pero aún no hay datos claros. Sí están casi todos ellos de acuerdo en que incrementan el consumismo, no solo de datos de conexión, sino de bienes y servicios que son ofrecidos gracias a sus algoritmos.

Espiritualidad y tecnología

Las culturas antiguas cultivaban una intrínseca relación entre técnicas, tecnologías y espiritualidad. Por ejemplo, las utilizadas en la fabricación de cerámica para la cocina, la música o sus rituales, estaban conectadas con sus cosmovisiones. Por eso, el arqueomu-

---

12. Sandra MG, "Inteligencia Artificial: ¿sabes cuánto CO2 genera esta tecnología?" https://www.ecoticias.com/co2/inteligencia-artificial-co2

13. *Ibíd.*

sicólogo Esteban Valdivia, advierte que "como humanidad hemos avanzado significativamente en nuestro desarrollo tecnológico e industrial, sin embargo, no hemos tenido el mismo avance respecto al autoconocimiento espiritual... Y el gran dilema ético que tenemos hoy es generar una conciencia espiritual en la tecnología. (...) Tenemos que unificar la tecnología con la espiritualidad, ahí está lo que tenemos que aprender de estas culturas antiguas. Una tecnología que les cambió la vida hace 4000-5000 años, también se transformó en un objeto que les permitió conectar con la espiritualidad", comprendiendo esta última como la conexión profunda de cada persona consigo misma. Es probable que hoy muchos vean a los objetos cerámicos solo como objetos, o incluso a las IA como meros medios de resolución, pero están relacionados también con nuestras búsquedas espirituales: saber quiénes somos, de qué somos capaces, en qué creemos y esperamos.

Las IA pueden entonces, según estén programadas, llevarnos a un mundo más justo e inclusivo, a que todos puedan acceder a la información –siempre y cuando cuenten con electricidad, conectividad y dinero para mantener los artefactos y conexiones–, o a depender de los modos e intereses de quienes las manejen. Salvo algunos errores que ya han acontecido, donde las IA han respondido de manera distinta de la que fueron programadas, hasta ahora siempre lo han hecho del modo en que han sido diseñadas.

Las IA no tienen moral, nosotros sí. No son buenas o malas, dependen del destino que les demos. Por lo tanto, deberemos programarlas para el bien, para tener más tiempos contemplativos, con nosotros mismos, con los demás, y el resto de la Creación. El próximo desafío quizá sea que la civilización del amor, propuesta por Jesús, incluya a las tecnologías digitales y las IA, sin deshumanizarnos, sino para ser plenamente seres humanos, no en una civilización artificial, sino plenamente humana. En una era posthumana se corre el riesgo de que las decisiones sean resueltas por algoritmos que no poseen la misma voluntad reflexiva que los seres humanos. Esto podría deshumanizarnos, y convertir a las IA en un fin en sí mismas, más que en medios. A modo de prueba, le hemos preguntado a Chat-GPT qué opina sobre la espiritualidad humana, la tecnología y las IA y nos ha respondido lo siguiente:

> "Para que la tecnología sea verdaderamente humanizadora, debemos equilibrar su desarrollo con la sabiduría, la espiritualidad y la ética, evitando que se refuerce una cultura de dominio y dependencia. La IA y la ciencia necesitan dialogar con las humanidades, la filosofía y la espiritualidad para mantener una perspectiva integradora y humanizante" (Chat GPT, 16/9/24).

Vemos, por lo tanto, que hemos programado en esta herramienta que necesitamos del equilibrio humano-tecnología y del diálogo entre diversas ciencias. El progreso tecnológico es así parte de nuestro avance espiritual, pero no el centro de nuestra existencia. Las IA deben servir a la humanidad, respetando su identidad y dimensiones espirituales. Esto es también un desafío teológico e interdisciplinar. Y como afirma la socióloga Helga Nowotny, "el futuro exige sabiduría para ir más allá de los propósitos bien definidos de una IA, profundizar en una variedad de contextos que están sujetos a cambios continuos, y cambiar el algoritmo que actúa como un verbo sin saber nada fuera de aquello para lo que fue diseñado"[14].

---

14. Nowotny, H. (2021). *La fe en la inteligencia artificial. Los algoritmos predictivos y el futuro de la humanidad*. Barcelona: Galaxia Gutemberg, p. 131.

Teolog-IA del futuro

Y así como Phillip Dick se preguntaba en su novela *Blade Runner* de la década del sesenta –luego llevada al cine en los años ochenta– si los androides sueñan con ovejas eléctricas, hoy podemos pensar si es posible hacer teología utilizando las IA. En principio hasta hoy, no pueden dar significado a los símbolos, ni realizar exégesis, o comparar subjetivamente. Nos interpelan sí, en nuestros modos de hacer teología. Pueden acumular datos o información, como en otras disciplinas, pero lo importante en este punto no es sumar saberes, sino saber qué y a quién preguntar.

Si la teología es *Fides quaerens intellectum* ("la fe que busca el entendimiento" o "la fe que busca entender"), ¿puede una IA hacer teología? Primero tendría que tener fe. ¿Puede una IA creer en Dios? Para creer y tener fe, tiene que adherir no solo a una teoría, sino a un modo de vivir y esperar. Es decir, no estamos hablando de si la IA puede responder un trabajo práctico de teología buscando información, sino de esa reflexión profunda que en nuestro caso proviene de la experiencia de habernos encontrado con Jesús resucitado. Aquí también tendremos que responder con odres nuevos, para vinos nuevos (Mt 9,4-17, Mc 2,18-22, Lc 5,37-38).

Conclusiones

Al concluir este texto, nos encontramos paradójicamente, ante un nuevo comienzo. Estas temáticas, nos invitan ahora a iniciar otros debates interdisciplinarios que nos ayuden a generar aportes para lograr una humanidad integral y sostenerla comunitariamente. Las IA son un signo inevitable de estos tiempos, ante el que quizá todavía tengamos una mirada temporal demasiado cercana, para poder discernir sus consecuencias más profundas.

El eje principal de nuestro escrito, ha sido reflexionar acerca de las IA al servicio de la integridad humana. Siguiendo la propuesta de Gilbert Simondon, creemos que en cada época se debe sostener comunitariamente un tipo de humanismo acorde a los desafíos de la misma, a medida que se van conociendo nuevas situaciones y posibilidades. Tal como hemos visto, las incidencias de las IA en la actualidad constituyen un tema dinámico, cotidiano y exponencialmente creciente que nos interpela. Las autoras, hemos decidido analizar acerca de los usos y convivencias con las IA en ámbitos diversos. Nuestro interés no se ha centrado en el mejoramiento de la técnica de nuevos aparatos y/o programas, sino en colocar los mismos al servicio de la vida.

Al comienzo de este trabajo, hemos analizado diversos conceptos relacionados con nuestra temática, para discernir fundamentalmente si ante unas IA nos encontramos frente a seres vivos, personas, o no. Luego, analizamos la Cuarta Revolución Industrial que estamos transitando, seguidamente profundizamos sobre nuestros encuentros cotidianos con IA. Asimismo, nos introdujimos en la temática de las diversas inteligencias humanas y las comparamos con las artificiales. Nos interesó también llevar estas temáticas al área de la vida cotidiana, la educación humana y el uso de lo lúdico, para ponderar las nuevas posibilidades que nos permiten las IA. Así como también las transformaciones que han tenido lugar gracias a estas nuevas tecnologías en el ámbito de las culturas y las creencias, y con especial atención en lo pedagógico. Ante la pregunta inicial *¿humanizarnos o tecnificarnos?*, insistimos en una complementación de ambas posibilidades.

A través de todo el desarrollo del texto, más que *endiosar* a las IA o a nosotros mismos, buscamos principalmente: empoderarnos con nuestras inteligencias, valores, capacidades; asimismo, recuperar el optimismo ontológico sobre nuestra especie, intentando no disociar a las tecnologías de sus creadores, nosotros. Además, buscamos recuperar la vinculación con lo vital: invertir tiempo en los encuentros con otros, con la naturaleza, con nosotros mismos, así como ponderar lo que debería considerarse valioso para nuestra humanidad actual con sus categorías y jerarquías de valores[1].

Creemos entonces que es importante que con las reflexiones presentadas, tendamos a discernir, priorizar y actuar colectivamente en consecuencia. Discernir qué creaciones y técnicas son ética y moralmente correctas para el servicio de la vida, priorizar dónde colocar recursos humanos, técnicos y/o económicos. Nos toca pensar si es más urgente buscar agua en Marte, descontami-

---

1. Cf. Han, *La desaparición de los rituales. Ibid.*

nar la del planeta, usar las últimas IA, actuando de manera tal que aportemos al progreso integral de la humanidad.

Estamos inmersos en un camino, en el que la convivencia con las IA no dejará de existir, salvo que suceda algún grave cataclismo. Sabemos también que la imaginación humana hizo que muchos relatos de ciencia ficción, se adelantaran a su tiempo con grandes invenciones y técnicas que luego se hicieron realidad. Quizá algunos de los grandes desafíos que nos tocan enfrentar hoy sean evitar que el *Big Data* y las IA dominen la humanidad, y colaborar en la búsqueda comunitaria de la complementariedad entre lo humano y lo técnico.

Bibliografía

AAVV. (2014). *Inteligencia Artificial. Iniciativa Latinoamericana de Libros de Texto Abiertos.*

Aristóteles. (1993). *Ética Nicomáquea y Ética Eudemia.* Madrid: Gredos.

Asimov, I. (2010). *Yo, robot.* Barcelona: Edhasa.

Avila Diaz, W. (2013). *Hacia una reflexión histórica de las TIC.* Hallazgos, 213-233.Obtenido de https://www.redalyc.org/pdf/4138/413835217013.pdf

Bacon, F. (2000). *La Nouvelle Atlantide.* Paris: Flammarion.

Boecio, S. (1497). *De duabus naturis et una persona Christi, cap. 3;* PL 64.

Bostrom, N. (2005). *A History of Transhumanist Thought.* Journal of Evolution and Technology, 14, 1-25.

Bostrom, N. (2013). *Existential Risks Prevention as Global Priority.* Global Policy, 4, 15–31.

Burckhardt, M., & Höfer, D. (2017). *Todo y nada. Un pandemonio de la destrucción digital del mundo.* Barcelona: Herder.

Caldas, M. (2011). *Algunos mitos sobre la tecnología actual y los jóvenes. Proyecto* (59-60).

—, (Julio de 2013). *¿Por qué nos gusta festejar? Algunos elementos de lectura de las fiestas populares. Vida Pastoral* (306), 33-38.

—, (2016). *De la Conexión a la Comunión. Tecnologías digitales y Praxis Pastoral.* Buenos Aires: Parmenia.

—, (2018). *Tender redes en las redes. Conectando con los conectados.* Buenos Aires: Parmenia.

—, (Marzo / Abril 2009). *Click. Vida Pastoral* (276), 37-39.

Carreiras, M. (2015). *El hombre animal pensante.* Obtenido de www.uca.edu.sv/facultad/chn/c1170/carreira1

Castells, M. (1997). *La era de la información: economía, sociedad y cultura.* Madrid: Alianza Editorial.

de Waal, F. (2006). *Primates y filósofos. La evolución de la moral del simio al hombre.* Buenos Aires: Paidos.

—, (2017). *¿Tenemos suficiente inteligencia para entender la inteligencia de los animales?* España: Tusquets Editores.

Diccionario de la Real Academia Española. (s.f.). Obtenido de http:// dle.rae.es/?id=EKzKpe8

Driollet, T. (2016). *The Transhumanism of Nick Bostrom and the Ultra-Humanism of Pierre Teilhard de Chardin. Journal: Studia Aloisian* (7), 5-15.

—, (2017). *El ultra-hombre en los escritos de Pierre Teilhard de Chardin. Zlatica Plašienková.*

—, (15 de 04 de 2021). *Algunas advertencias de Byung-Chul Han. Criterio Digital.* Obtenido de https://www.revistacriterio.com. ar/bloginst_new/?p=16740/

Dussel, I., & Quevedo, L. (2010). *Educación y nuevas tecnologías: los desafíos pedagógicos ante el mundo digital.* Buenos Aires: Santillana.

Eco, U., *¿De qué sirve el profesor?* https://www.lanacion.com.ar/ opinion/de-que-sirve-el-profesor-nid910427/ 21 de mayo de 2007.

Eliade, M. (1962). *Mito y realidad.* Universidad de Chicago.

Ferrater Mora, J. (1958). *Diccionario de Filosofía Tomo II L - Z.* Buenos Aires: Sudamericana.

Frolov, I. (1984). *Diccionario de Filosofía.* Moscú: Progreso.

Fukuyama, F. (s.f.). *El fin del hombre. Consecuencia de la revolución biotecnológica sobre la Conciencia.*

Gardner, H. (1993). *Frames old mind. The theory of multiples intelligences.* New York: Harper Collins Publisher.

Geli, C. (2008). *"Ahora uno se explota a sí mismo y cree que está realizándose", Byung-Chul Han. El país.* Obtenido de https://elpais.com/cultura/2018/02/07/actualidad/1517989873_086219.html

Gennaro, R. (2017). *Consciousness.* London: Routledge.

Gevaert, J. (1993). *El problema del hombre. Introducción a la Antropología Filosófica.* Salamanca: Sígueme.

Goleman, D. (1997). *Inteligencia emocional.* Madrid: Penguin.

Guardini, R. (2000). *Ética.* Madrid: BAC.

—, (2000). *Mundo y persona.* Madrid: Encuentro.

Guridi, R. (2018). *Ecoteología: hacia un nuevo estilo de vida.* Santiago de Chile: Universidad Alberto Hurtado.

Habermas, J. (1989). *Conocimiento e interés.* Madrid: Taurus.

Han, B.-C. (2012). *La sociedad del cansancio.* Barcelona: Herder.

—, (2020). *La desaparición de los rituales. Una topología del presente.* Barcelona: Herder.

—, (2021). *No-Cosas. Quiebres del mundo de hoy.* Buenos Aires: Taurus.

Harari, Y. (2015). *Homo Deus. Breve historia del mañana.* Barcelona: Debate.

—, (2018). *Lecciones para el Siglo XXI.* Barcelona: Debate.

—, (2016). *Big Data, Google and the End of Free Will. Financial Times* https://www.ft.com/content/50bb4830-6a4c-11e6-ae5b-a7cc5dd5a28cConsulta 14.01.24

Haraway, D. (2007). *Manifeste Cyborg et autres essais: Sciences-Fictions-Féminismes.* Paris: Editions Exils.

Herrera, Clarisa, *La inteligencia artificial y el sometimiento de la voluntad* https://redbioetica.com.ar/la-inteligencia-artificial/

Kallenborn, G. (s.f.). *Une intelligence artificielle malveillante pourrait elle détruire l'humanité?* Obtenido de hightech.bfmtv.com

Kling, R. (1994). *Reading "all about" computerization.* Obtenido de http://citeseerx.ist.psu.edu/viewdoc/ download?doi= 10.1.1.16.851&rep=rep1 &type=pdf

Labrecque, Cory Andrew, *¿Cuidar o someter? Tecnología, inteligencia artificial y la tradición ecoteológica católica* https://www.mdpi.com/2077-1444/13/7/608

Lafontain, C. (2004). *Des machines à penser à la pensée machine.* Paris: Seuil.

Leibniz, G. (2021). *Nuevos ensayos sobre el entendimiento humano.* Madrid: Alianza.

Lévy, P. (2007). *Cibercultura. La cultura de la sociedad digital.* Barcelona: Anthropos.

—, (2016). *La inteligencia colectiva. Por una antropología del ciberespacio.* Obtenido de http://inteligenciacolectiva.bvsalud.org/ public/documents/pdf/es/inteligenciacolectiva.pdf

Markus, G. (2020). *En torno a la inteligencia artificial.* Buenos Aires: Fundación Medifé Edita.

Martínez Romero, Alberto, *Responsabilidad, voluntad, manipulación y algoritmos: Batalla por la atención* https://www.detona.com/articulo/responsabilidad-voluntad-manipulacion-y-algoritmos

Mc Gonigal, J. (2011). *¿Por qué los videojuegos pueden mejorar tu vida y cambiar el mundo? Un encuentro entre el mundo virtual y el real en el que las personas salen favorecidas.* Buenos Aires: Siglo XXI.

MG, Sandra, *Inteligencia Artificial o IA: ¿sabes cuánto CO2 genera esta tecnología?* https://www.ecoticias.com/co2/inteligencia-artificial-co2

Montenegro, D. I. (2019). *De la Inteligencia Artificial al juego de los dioses. ConHumanitas, 10, 5-106.*

Morduchowicz, R. (2012). *Los adolescentes y las redes sociales. La construcción de la identidad juvenil en internet.* Buenos Aires: Fondo de Cultura Económica.

Morin, Edgar. (2006) *El método 3.* Madrid: Cátedra.

Mounier, E. (1993). *Obras completas. 1988-1993.* Salamanca: Sígueme.

Murillo, I. (s.f.). *Personalidad y personeidad.* Obtenido de https://www.mercaba.org/DicPC/P/personalidad_y_personeidad.htm

Novo Cid-Fuentes, Alfonso. *¿Puede la IA "hacer" teología?, Instituto Teológico Compostelano* https://www.fpablovi.org/articulos-bioetica/1851-puede-la-ia-hacer-teologia

Nowotny, Helga. (2021). *La fe en la inteligencia artificial. Los algoritmos predictivos y el futuro de la humanidad.* Barcelona: Galaxia Gutemberg.

Ortega y Gasset, J. (2000). *Meditaciones de la técnica y otros ensayos sobre ciencia y filosofía.* Madrid: Alianza.

Oviedo Torró, Lluis OFM, "El impacto plural de la inteligencia artificial en la teología", *Razón y fe* 1463 (2023)

Piaget, J. (2000). *El nacimiento de la inteligencia en el niño.* México-Argentina: Crítica.

Placer Ugarte, Félix. *Espiritualidad y teología para un mundo tecnológico* https://www.religiondigital.org/opinion/Espiritualidad-teologia-mundo-tecnologico-inteligencia-artificial_0_2680231970.html

Reig, D. (s.f.). *Obtenido de https://www.dreig.eu/caparazon/inteligencia-artificial-educacion/.*

Restrepo, L. (1998). *Ecología humana: una estrategia de intervención cultural.* Bogotá: San Pablo.

Ricoeur, P. (1990). *Soi-même comme un autre.* Paris: Editions du Seuil.

Rius, M. (2017). *El debate entre la racionalidad y la espiritualidad se renueva.* Obtenido de https://www.lavanguardia.com/vida/20171203/433379573479/tecnorreligiones-ia-homo-deus-dios-tecnologia-robots-fe.html

Rizzante, Ana María. "Yo seré para él como aquélla que da la paz", *Revista de interpretación bíblica latinoamericana: RIBLA 21* (1995).

Rojas, M. (s.f.). *Consideraciones sobre el concepto de progreso.* Obtenido de http://www.foroconsultivo.org.mx/libros_editados/midiendo_el_progreso.pdf

Rosental, M., & Iudin, P. (1965). *Diccionario filosófico.* Montevideo: Ediciones Pueblos Unidos.

Ruiz de la Peña, Juan Luis. (1988). Imagen de Dios. Antropología teológica fundamental. Santander: Sal Terrae.

Rousseau, J. (2012). *L'Emile ou de l'éducation. Paris: La Gaya-Scienza.* Obtenido de ebooks-bnr.com/ebooks/pdf5/rousseau_emile_ou_education_livres1et2-a5.pdf

Sadin, É. (2019). *La inteligencia artificial: el superyó del siglo XXI. Nueva Sociedad, 141-148.* Obtenido de https://static.nuso.org/media/articles/downloads/10.TC_Sadin_279.pdf

—, (2021). *La inteligencia artificial o el desafío del siglo. Anatomía de un antihumanismo radical.* Buenos Aires: Caja Negra.

, (2018) *La silicolonización del mundo. La irresistible expansión del liberalismo digital.* Buenos Aires: Caja Negra.

Salvatto. (2021). *La batalla del futuro. Algo en qué creer.* Buenos Aires: Lea.

Scheler, M. (1942). *La idea del hombre y la historia.* Buenos Aires: Espasa-Calpe.

Schwab, K. (2016). *La cuarta revolución industrial*. Barcelona: Debate.

Searle, J. (1996). *El redescubrimiento de la mente*. Barcelona: Crítica.

Seijo, P. (2020). *Yo no soy un robot: reflexiones sobre inteligencia artificial y sociedad mediante el ejemplo de los "captcha"*. *Tecnología & Sociedad* (9), 37-54.

Sierra Piñeros, S. A., & Montañe, S. (2017). *Las personas no humanas como sujetos de derechos*. *Cuadernos de Derecho Público*(6). Obtenido de https://revistas.usergioarboleda.edu.co/index. php/CDP/article/view/1533/1214

Simondon, G. (1969). *Du mode d existence des objets techniques*. Paris: Librairie Le Piano-Livre.

Spadaro, A. (2014). *Ciberteología. Pensar el cristianismo en tiempos de la red*. Barcelona: Herder.

Spadaro, A., & Twomey, P. (2021). *Inteligencia artificial y justicia social. Cómo está cambiando la experiencia humana*. Obtenido de https://www.laciviltacattolica.es/2021/10/01/inteligencia-artificial-y-justicia-social/

Torralba, F. (2010). *Inteligencia espiritual*. España: Plataforma Editorial.

Vandenberghe, F. (2006). *Complexités du posthumanisme. Trois essais dialectiques sur la sociologie de Bruno Latour*. Paris: L'Harmattan.

Velasco, M. (1978). *Introducción a la fenomenología de las religiones*. Madrid: Cristiandad.

Vigotsky, L. (1976). *Pensamiento y Lenguaje*. La Habana.

Webb, A. (2021). *Nueve gigante. Las máquinas inteligentes y su impacto en el mundo de la humanidad*. Buenos Aires: Paidós.

Wiener , N. (1954). *Cybernétique et société. L'usage humain des êtres humains*. Paris: UGE.

Zamarriego, Laura. *La ¿imparable? fábrica de las 'fake news'.* https://ethic.es/2018/04/marcas-y-etica-la-imparable-fabrica-de-las-fake-news/

Zubiri, X. (1974). *Historia, Naturaleza y Dios.* Madrid: Alianza Editorial.

—, (1983). *Inteligencia y razón.* Madrid: Alianza Editorial.

—, (1985). *Sobre la esencia.* Madrid: Alianza Editorial.

—, (1987). *Naturaleza, Historia, Dios.* Madrid: Alianza Editorial.